ESPRIT

ET

MÉTHODE DE BACON

EN PHILOSOPHIE,

AVEC DES CITATIONS CONTINUELLES DE L'AUTEUR,

PAR

G.-A. PATRU,

Professeur à la Faculté des Lettres de Grenoble.

PARIS,   GRENOBLE,
CHEZ A. DURAND, LIBRAIRE,   CHEZ FERARY, LIBRAIRE,
Rue des Grès-Sorbonne, 7.   Grand'Rue.

Novembre 1854.

Hommage

a monsieur l'abbé Noiret, ancien

Professeur de philosophie

par son très humble

Patru

ESPRIT

ET

MÉTHODE DE BACON

EN PHILOSOPHIE,

AVEC DES CITATIONS PERPÉTUELLES DE L'AUTEUR,

PAR

G.-A. PATRU,

Professeur à la Faculté des Lettres de Grenoble.

~~~

PARIS,

CHEZ A. DURAND, LIBRAIRE,
Rue des Grès-Sorbonne, 7.

GRENOBLE,

CHEZ FERABY, LIBRAIRE,
Grand'Rue.

1851.

Grenoble, impr. de Prudhomme.

ESPRIT

ET

MÉTHODE DE BACON

EN PHILOSOPHIE.

———◆———

AVANT-PROPOS.

C'est avec une grande vérité que l'on peut dire que François Bacon représente chez les modernes le génie des sciences fondées sur l'observation. En effet, que les modernes aient obéi à ses indications ou qu'ils aient agi sans les connaître, ils ont marché dans ses errements, quand ils se sont affranchis, dans le domaine des sciences, de l'autorité des scolastiques, si mauvais interprètes des anciens, quand ils en ont appelé à l'expérience, quand ils en ont surveillé les données avec exactitude, ainsi que les inductions qu'on en tirait, quand ils se sont tournés avec empressement vers la pratique. C'est la marche des sciences fondées sur l'observation, que nous rapportons à Bacon, et non celle de la science générale ou la philosophie ; car, il faut en convenir, la direction de la science générale lui a échappé, bien qu'il ait travaillé plus que tout autre aux vues d'ensemble et à la restauration générale. Sous la direction des cartésiens, la philosophie a pris un goût pour l'abstraction, pour la pure conception, pour l'*idéisme* et le scepticisme, bien éloigné de l'esprit de Bacon. Si les sciences particulières se sont bien trouvées de la direction qu'elles ont prises à la suite de Bacon, et si la philosophie est tombée dans d'étranges erreurs en suivant les voies cartésiennes, pourquoi celle-ci ne remonterait-elle pas au point de départ où se trouvaient des directions pour la science générale comme pour les sciences particulières ; et, sans entrer dans la route des sciences spéciales, pourquoi la philosophie n'irait-elle pas à la source s'inspirer à son tour des idées baconiennes ? On craint d'y sucer le lait du matérialisme et de l'athéisme. Quand on connaîtra Bacon, on sera singulièrement étonné que ces craintes aient pu obtenir, dans le monde savant, le moindre crédit. L'idée qu'on a sur cet auteur est un exemple de plus de la manière dont on peut tromper l'opinion publique.

Depuis que les encyclopédistes du XVIIIe siècle se sont emparés du nom de Bacon pour l'inscrire sur le drapeau de leur phalange, Bacon a été fait chef de parti, à coup sûr, contre ses intentions et ses prévisions, lui qui voulut être l'homme de la conciliation, en recueillant les vérités de tous les systèmes. Si, d'un côté, il a été exalté, présenté comme un prophète, comme une espèce de divinité ; de l'autre, il n'a pas manqué de blâmes, de calomnies, d'injures. Au milieu de ces cris aveugles poussés des deux camps en sa faveur ou contre lui, les philosophes amis de la seule vérité n'ont osé se faire gloire, ni même user d'un des leurs, de crainte de paraître adopter les couleurs de l'un des deux partis, et d'encourir l'exécration de l'autre. Comme en ce moment la philosophie est dans la nécessité de se réorganiser, après les tempêtes qu'elle a essuyées, il est temps enfin que les philosophes se servent de leur bien pour leur salut, en laissant de côté les exagérations des deux partis. Il faut débarrasser Bacon de la gloire fausse et de mauvaise nature dont les uns voudraient l'affubler à leur profit, il faut le laver en même temps de la boue qu'on lui a jetée et des affronts qu'on lui a faits. A notre avis, il est inutile de discuter avec les uns ou avec les autres : il suffit de montrer Bacon tel qu'il est, sans rien ajouter, sans rien diminuer ; c'est le parti que nous prenons.

Dans les nombreux fragments que nous citons, nous nous servons, pour le fond, de la traduction de M. Lasalle, sans nous interdire les modifications qui nous semblent propres à nous rapprocher davantage du texte. Nous usons largement aussi des sommaires intelligents que M. Bouillet a joints à son excellente édition des œuvres philosophiques de Bacon. Quand il s'agit de faire connaître un auteur, et non de notre intérêt particulier, nous avons pensé qu'il ne faut pas entièrement priver les lecteurs des bons travaux faits par les autres, sauf à reconnaître à chacun le travail qui lui appartient.

———•••———

INTRODUCTION.

Nous nous proposons de faire connaître l'esprit de Bacon en philosophie, et la méthode philosophique qu'il peut avoir formulée.

Il est indispensable de donner des notions générales sur ces deux objets, avant d'en venir à l'examen de Bacon sous ces deux points de vue.

A notre manière de voir, l'esprit d'un auteur en philosophie, ainsi que la méthode qu'il peut avoir formulée pour la recherche des vérités philosophiques, dépendent de la nature, du naturel de cet auteur comme individu. La nature d'un homme consiste principalement dans ses tendances et dans ses aptitudes intellectuelles. Les tendances primitives de l'homme sont aujourd'hui décrites et classées avec assez d'exactitude dans les traités de psychologie, pour qu'il ne soit pas besoin d'en faire ici l'exposition. Il nous suffira de dire que, parmi ces tendances, les unes nous portent au bien physique, les autres au vrai, au bien intellectuel, les autres au bien moral. Ce sont les tendances intellectuelles qui influent principalement sur la formation de l'esprit d'un auteur en philosophie.

Pour nous faire comprendre, nous nous contenterons d'indiquer ici trois tendances intellectuelles avec leurs contraires.

La première à signaler pour la connaissance de l'esprit en philosophie, c'est l'indépendance et son contraire, la crédulité ou docilité d'esprit.

Celle-ci est la disposition naturelle plus ou moins grande d'un esprit à croire aux assertions des autres, à suivre les opinions généralement reçues, à se contenter des doctrines toutes faites. Celle-là est le penchant plus ou moins prononcé à se méfier des idées d'autrui, à examiner et à apprécier pour son propre compte, même les opinions généralement admises, et à surveiller sévèrement ses propres jugements.

Nous signalerons aussi dans certains esprits l'amour exclusif ou prédominant des choses réelles et des vérités positives, chez d'autres l'amour également exclusif ou dominant des abstractions, des conceptions idéales, des êtres de raison.

On sait encore que, parmi les esprits, les uns aiment à recueillir les ressemblances, et les autres à constater les différences; ceux-là courent aux généralités et aux vues d'ensemble, ceux-ci séjournent longtemps dans les particularités, dans les détails; les premiers sont les esprits synthétiques, les seconds sont les esprits analytiques.

C'est avec ces tendances primitives d'un auteur et les aptitudes intellectuelles plus ou moins grandes qu'il a reçues en naissant, et qu'il a cultivées sous l'influence des circonstances où il s'est trouvé, que se forme l'esprit d'un auteur en philosophie; de sorte que l'esprit d'un auteur en philosophie peut se définir comme il suit:

L'ensemble des tendances intellectuelles de cet auteur avec les aptitudes naturelles ou acquises de son intelligence pour étudier les vérités philosophiques.

Nous allons montrer que ces diverses tendances se manifestent à des degrés différents dans les études philosophiques.

Un esprit indépendant suit un mouvement inverse à celui de la crédulité et de la docilité d'esprit, il remonte le cours des croyances des autres et de sa propre foi native; mais il peut aller plus ou moins loin, en remontant ainsi vers la source des idées et des opinions. Toutes nos opinions, toutes nos doctrines, ne viennent pas de la réflexion et du raisonnement, quand on les prend même dans ceux qui les ont émises les premiers. Un très-grand nombre viennent d'une foi spontanée, naturelle, irréfléchie, instinctive, qui précède toute réflexion, tout examen détaillé et scientifique. Nos idées en morale et même en politique ont commencé dans notre esprit par une conception confuse et synthétique qui a suffi pour nous guider dans notre conduite morale envers les autres hommes et envers Dieu, et pour nous faire établir nos premiers essais de sociétés civiles. L'histoire prouve, en effet, que les grands problèmes religieux, moraux, politiques, ont été résolus par *sentiment* bien longtemps avant qu'ils le fussent par la réflexion et le raisonnement. Le raisonnement analytique se développe bien tard dans l'espèce humaine ; nos besoins moraux et sociaux sont urgents. L'auteur de notre nature y a pourvu. Il nous a donné l'instinct ou le sentiment, qui satisfait à nos premiers besoins et qui les contente souvent d'une manière plus sûre et plus complète que ne le fait notre réflexion à l'aide de ces institutions péniblement élaborées. C'est que l'instinct, qui voit, sans doute, les choses confusément, les voit dans leur totalité. La réflexion éclaire d'un beau jour le point sur lequel elle se dirige, mais elle n'atteint que des parties ; de là, sa vue incomplète dans sa clarté, et les théories fausses, insuffisantes, qui en résultent quand nous résolvons les problèmes moraux et sociaux par la réflexion et l'analyse.

Sous l'empire de la nécessité, l'instinct nous avait mieux guidés.

Il est des doctrines religieuses, il est des doctrines morales, il est des doctrines politiques que le raisonnement ne peut établir ni justifier, et qui cependant sont indispensables comme clef de voûte de l'édifice social, comme fondement de la prospérité et de la moralité publiques. Faudra-t-il les renverser parce que la raison est encore impuissante à en saisir le principe et la convenance ?

Les esprits impétueux et dépourvus de sagesse peuvent se laisser aller à cet excès d'imprévoyance. Mais il est une foule d'esprits indépendants qui, reconnaissant la lenteur du développement des facultés rationnelles, sont décidés à travailler à leur dégagement et à leur éducation, mais qui ne veulent nullement se priver eux-mêmes ni priver le genre humain des avantages d'un guide en quelque sorte surhumain que la Providence nous a accordé dans sa bienveillance. Ces esprits indépendants savent respecter les dogmes religieux et les doctrines politiques établies dans l'Etat, dont ils font le bonheur.

D'un autre côté, non-seulement il est des esprits indépendants qui de nos deux sources d'instruction, l'intelligence spontanée et l'intelligence réfléchie, le sentiment et le raisonnement, rejettent la première pour ne conserver que la seconde, il en est qui poussent plus loin l'ardeur de l'épuration et de l'exclusion. Parmi les moyens de connaître que nous possédons même à l'état de réflexion, et dont l'exercice est susceptible d'être scientifiquement régularisé, les uns rejettent entièrement le témoignage des hommes, d'où naît le pyrrhonisme historique ; d'autres comprennent dans leur répulsion toutes les données des sens et du sens intime en tant que rapportés à nous-mêmes comme des modes du moi, d'où naît le spiritualisme pur ou bien l'idéalisme, lequel n'admet que les conceptions idéales après les avoir réalisées ; d'autres, enfin, enveloppent dans leur proscription métaphysique les principes de vérités nécessaires, les vérités universelles *à priori*, admises dans les diverses sciences sous le nom d'axiomes : d'où résultent évidemment le scepticisme général, et le vaporeux idéisme qui n'admet que des idées sans oser les réaliser. Nous croyons voir presque tous ces maux renfermés, non pas sans doute dans la tête de Descartes qui se montra très-sensé, quant à la vie pratique, mais dans les énoncés qu'il nous a laissés comme principes de philosophie.

Mais heureusement, à ces nouveaux abus de certains esprits indépendants en philosophie, nous pouvons opposer la modération d'autres esprits plus sagement indépendants. Parmi eux, en effet, il en est qui ne se sont jamais révoltés contre les véritables axiomes, qui n'ont jamais rejeté absolument les données des sens ou du sens intime, ni les révélations de la faculté spéciale appelée la raison par les modernes, ne fonctionnant jamais qu'après les données des sens et du sens intime dont elles se bornent à donner les corrélatifs invisibles. Ces esprits sagement indépendants ne veulent point se séparer de la société des intelligences, ni mutiler leur intelligence propre, ni penser en dehors des principes du sens commun. Nous espérons montrer que Bacon est au nombre de ces esprits tout à la fois sages et indépendants.

Une qualité commune à tous les philosophes est l'amour de la vérité. Il n'y a point de philosophe sans un vif amour de la vérité. La vérité indiquée ici est la vérité *morale*, c'est-à-dire, relative à la conduite que doit tenir l'homme, et aux mœurs qu'il doit se former, et, par conséquent, relative à son origine et à sa fin : vérité immense qui comprend la question de l'origine et de la fin de l'univers entier, comme celle de son auteur, et des rapports de cet auteur avec l'univers. La science de ces vérités reçut anciennement le nom de sagesse, et les philosophes furent les sages, puis les amis de la sagesse.

Mais les sages et les philosophes ont recherché la vérité sous des inspirations différentes et par conséquent par des moyens différents.

Les uns l'ont recherchée moins par leurs propres méditations solitaires qu'en puisant leur instruction à des sources étrangères, en écoutant pendant de longues années les leçons de ceux qu'ils regardaient comme des sages, en recueillant les traditions de la science des anciens, en voyageant dans des pays lointains, réputés dépositaires de la science, pour en rapporter des instructions utiles.

D'autres ont rejeté plus ou moins rigoureusement les enseignements étrangers, ont dédaigné les acquisitions ou les opinions d'autrui, et repoussé l'autorité des anciens en matière de science. Les uns sont des esprits dociles et sympathiques, les autres des esprits indépendants, enclins aux épurations et aux exclusions.

L'esprit philosophique peut donc suivre deux espèces de mouvements : par l'un, il peut s'unir aux esprits des autres et participer à toutes leurs connaissances et à leurs erreurs ; par l'autre, il s'isole, il peut se garantir des erreurs des autres, mais il se prive de leurs acquisitions, de leurs lumières, et, en épurant ses propres facultés, il peut mutiler sa propre intelligence et se suicider.

Dans le premier cas, en adoptant sans choix toutes les doctrines des autres, l'esprit philosophique peut oublier ses propres idées, faire abnégation de sa propre individualité, et tomber dans un syncrétisme indigeste, qui est au fond un chaos philosophique, et le laisse indifférent à toutes les doctrines, à toutes les solutions.

Dans le second cas, l'esprit philosophique, en s'isolant de plus en plus, en s'épurant, en s'amoindrissant, doit finir par un égoïsme misérable en morale et en métaphysique, et même il doit s'anéantir dans un idéisme ou dans un scepticisme universel ; fin semblable à peu près dans l'un et l'autre excès.

Le bon parti à prendre pour l'esprit philosophique, à ce moment solennel de sa vie où il se met en marche, c'est qu'il conserve le sentiment profond de son individualité, s'appuie sur lui-même, et que, soudant à sa propre intelligence toutes les autres intelligences, il participe à leur science et à leurs découvertes en les soumettant à un contrôle possible et raisonnable pour toutes les matières de la science humaine. Telle est sans doute la voie de la perfectibilité pour l'esprit humain, telles sont sans doute les vues de la Providence sur l'homme.

Quoique les esprits indépendants soient exposés à devenir exclusifs, à rejeter tout consentement entre les intelligences, à mutiler leur intelligence personnelle, à tomber, par conséquent, dans l'égoïsme moral et métaphysique, et même à s'anéantir dans l'idéisme et dans le scepticisme universel, cependant ils possèdent l'élément essentiel du succès en philosophie, l'indépendance de l'esprit individuel qu'ils conservent pour le service de la vérité. C'est la qualité qui domine dans tous les cartésiens, et qui ferait leur gloire s'ils n'en avaient pas étrangement abusé et n'en avaient pas gâté la véritable nature.

Au fond, cette indépendance de l'esprit n'est que l'amour de la vérité pure, sans voile et sans intermédiaire.

L'amour de la vérité pure doit l'emporter chez le philosophe sur tout symbole qui prétend en être l'image et sur tout organe qui s'attribue le droit d'en être l'interprète exclusif et sans contrôle. Nous n'en exceptons que les divines Ecritures, l'autorité de l'Eglise en matière de foi, et certaines doctrines politiques. Hors de là, l'amour de la vérité doit l'emporter sur toute espèce d'intérêts. Il doit l'emporter sur le principe naturel de crédulité, sous quelques formes qu'il se produise.

Parmi les hommes, les uns sont portés à adopter les idées professées par les anciens, les autres à céder à l'ascendant d'un personnage contemporain, oracle de l'opinion publique ; presque tous se laissent gagner par l'exemple d'autrui, et suivent les opinions généralement reçues. Ces actes de la docilité de l'esprit humain, qui semblent si divergents, partent tous d'un même principe, du principe de crédulité naturelle. Ce principe est sans doute utile à l'espèce humaine, puisqu'il entre dans les vues de la Providence. Il y a si peu d'hommes capables de penser par eux-mêmes ! Le respect des opinions de l'antiquité tend à mettre à l'unisson des âmes faites pour vivre ensemble et en accord ; en nous faisant recueillir les opinions reçues dans le monde avant nous, il nous fournit des doctrines toutes faites pour donner satisfaction à des besoins qu'il est plus urgent de satisfaire qu'il ne l'est de perfectionner la théorie de ces doctrines. L'ascendant qu'exerce sur nous la nouveauté d'une opinion venue de haut sert à nous faire participer aux découvertes de nos contemporains.

Mais ces connaissances ainsi transmises d'une génération à l'autre, ou d'un contemporain notable à tous les autres de quelque ordre qu'ils soient, sont souvent vagues, confuses, composées d'erreurs et de vérités. Pour les éclaircir et les préciser, pour démêler la vérité de l'erreur, il faut dans l'esprit des dispositions plus sévères que celles que lui donne le principe de crédulité. Le philosophe se fait reconnaître surtout par des découvertes, des améliorations, d'heureuses innovations. Ce n'est pas la docilité d'esprit produite par le principe de crédulité, qui poussera l'esprit à s'élancer dans des essais hasardeux couronnés seulement quelquefois par d'utiles découvertes. Il faut pour cela un vif amour de la vérité pure et sans intermédiaire. On ne dissipe les erreurs, on ne fait de conquête dans le domaine des sciences, que sous ces inspirations, accompagnées de méfiance d'un côté et d'une grande hardiesse de l'autre.

L'indépendance d'esprit fut éminemment le caractère de Descartes, qui rejeta toute espèce d'autorité en matière de science, et qui n'eut confiance que dans ses propres perceptions et dans la seule évidence de ses idées. Il tenait tellement à penser par lui-même, que, bien qu'il admît que les principes des sciences mathématiques fussent incontestables, il s'exerçait à en trouver lui-même la vérité, comme s'il se fût agi de les découvrir pour l'espèce humaine. Il s'exerçait également à trouver par lui-même les procédés des arts, comme s'il eût dû les inventer. On peut consulter à cet égard son traité *des règles pour la direction de l'esprit*. On sait que, dans le discours de la méthode et dans ses autres ouvrages, il rejette le témoignage des contemporains comme celui des anciens ; il va même jusqu'à mettre en suspicion les données des sens, de la mémoire et du raisonnement, sous le prétexte, fondé ou non fondé, que ces sources d'instruction ont été pour lui des occasions d'erreurs.

Malebranche montre la même indépendance d'esprit. Suivant ce philosophe, « Dieu seul peut instruire et éclairer notre esprit, » et il appuie cette doctrine par des citations de saint Augustin. « C'est se faire esclave contre la volonté de Dieu, dit-il, que de se soumettre aux fausses apparences de la vérité (1). » Il veut qu'on suive ce principe à son égard, comme il entend le suivre à l'égard des autres. « Etant aussi persuadé que nous le sommes que les hommes ne se peuvent enseigner les uns les autres, et que ceux qui nous écoutent n'apprennent point les vérités que nous disons à leurs oreilles, si en même temps celui qui nous les a découvertes ne les manifeste aussi à leur esprit. Nous nous trouvons obligé d'avertir ceux qui voudront bien lire notre ouvrage, de ne point nous croire sur notre parole... Nous ne regardons les auteurs qui nous ont précédés, que comme des *moniteurs ;* nous serions donc bien injustes et bien vains d'exiger qu'on nous écoutât comme des docteurs et comme des maîtres... pour toutes les vérités qui se découvrent dans les véritables idées des choses... Nous avertissons expressément de ne point s'arrêter à ce que nous en pensons ; car nous ne croyons pas que ce soit un petit crime que de se comparer à Dieu, en dominant ainsi sur les esprits. »

Pascal lui-même s'efforce de secouer le joug des anciens.

« Si l'antiquité était la règle de la créance, les anciens étaient donc sans règle. »—« Les anciens, dit-il encore, ont trouvé les sciences seulement ébauchées par ceux qui les ont précédés, et nous les laisserons à ceux qui viendront après nous, en un état plus accompli que nous ne les avons reçues. Comme leur perfection dépend du temps et de la peine, il est évident qu'encore que notre peine et notre temps nous eussent moins acquis que les travaux des anciens séparés des nôtres, tous deux néanmoins joints ensemble doivent avoir plus d'effet que chacun en particulier. »

« Le respect de l'antiquité doit être grand, dit Fénelon, mais je suis autorisé par les anciens contre les anciens mêmes. »

L'amour de la vérité en soi, qui produit l'indépendance de

_____

(1) Voyez la préface et les premiers chapitres de la *Recherche de la vérité.*

l'esprit, se lie à tout ce qu'il y a d'élevé dans la nature humaine, mais touche aussi à ce qu'il y a de plus erroné et de plus dangereux dans la pratique. Dans la spéculation, l'amour de la vérité morale devient, dans la pratique, l'amour de la justice, et une réforme dans la manière de rechercher la vérité morale entraîne une réforme dans la manière d'interpréter et d'appliquer la justice en soi. Si chacun a le droit d'étudier la vérité en soi sans intermédiaire obligé et imposé, mais par l'évidence seule, par l'application de son intelligence personnelle, soit abandonnée à elle-même, soit secondée par des intermédiaires sujets au contrôle, chacun a le droit aussi de pratiquer la justice en soi sans interprète imposé, non sujet au contrôle, mais par les lumières de sa propre conscience, c'est-à-dire de son intelligence opérant sur les idées de la morale. Telle est la conséquence tirée par certains partisans de l'indépendance de l'esprit. A leurs yeux, la doctrine de l'autorité civile, entendue dans le sens d'obéissance aveugle et passive aux représentants de la justice en soi, n'est autre chose que la doctrine de l'autorité philosophique entendue dans le sens de croyance aveugle en certains organes prétendus de la vérité.

Ces deux autorités sont pour eux deux espèces d'idolâtries, analogues à l'idolâtrie en religion, ou plutôt ce sont deux faces de la même idolâtrie qui nous font perdre également le titre d'adorateurs du vrai Dieu. Depuis le commencement du monde, disent-ils, cette triple idolâtrie a disputé le genre humain au culte du vrai Dieu. Toujours elle a échoué et a fini par des défaites ses campagnes impies tentées contre le Dieu vivant. Elle succombera toujours en définitive ; car il est écrit dans les destinées du genre humain que l'erreur ne prévaudra pas chez lui contre la vérité.

Ces conséquences de l'amour de la vérité en soi et de l'indépendance d'esprit sont séduisantes par la noblesse du but qu'on s'y propose ; nous concevons cependant qu'il est des réserves à faire en faveur des dogmes religieux et de certaines doctrines politiques auxquelles tient le salut de la société et qu'approuve une raison plus éclairée.

Un esprit indépendant en philosophie en tant qu'il s'applique à l'examen des idées d'autrui, peut être un critique plus ou moins profond, ensuite un réformateur plus ou moins radical. Il est simplement critique quand il se borne à des remarques sur les détails ou sur les points secondaires d'un ouvrage ou d'une institution. Il est critique profond, quand il porte son examen sur les points essentiels d'un système et qu'il descend jusqu'aux fondements d'une institution. Dans le premier cas, il se borne à améliorer; dans le second cas, il détruit, il renverse.

Il est difficile d'avoir renversé un système ou même de l'avoir critiqué un peu profondément, sans avoir conçu l'idée de quelque système propre à être substitué à celui que l'on a renversé ou profondément critiqué. C'est pour cela que le destructeur et souvent même le critique d'un système est presque toujours novateur; novateur dangereux s'il ne réédifie pas sur des fondements plus solides, réformateur utile, fondateur bienfaisant, s'il est assez heureux pour rétablir la vérité méconnue et replacer la justice dans ses droits.

Mais, pour qu'un esprit, même indépendant, ose attaquer la masse imposante des opinions reçues, pour qu'il dirige hardiment la sape vers les fondements du vieil édifice, il faut qu'il se sente capable de faire mieux que ce qu'il va détruire, ou qu'il croie fermement que d'autres répareront heureusement les ruines qu'il va faire; il faut qu'il ait foi dans la perfectibilité, sinon infinie du moins indéfinie, de l'espèce humaine. C'est cette foi seule qui peut le soutenir dans ses efforts et l'excuser en partie des maux qu'il fera souffrir aux individus. Aussi voyons-nous souvent qu'à l'indépendance d'esprit se joint dans le réformateur une foi vive à la perfectibilité humaine. C'est ce que nous verrons précisément dans Bacon.

La foi à la perfectibilité humaine et à une destinée meilleure pour l'homme, même en ce monde, implique la croyance à la Providence divine, et suppose de hautes idées religieuses. Aussi voyons-nous souvent qu'à l'indépendance d'esprit et au caractère de réformateur se joint, non-seulement la foi à la perfectibilité humaine, mais un caractère profondément religieux.

Outre ce vif amour du bien et du perfectionnement qui distingue les âmes d'élite, peut-être, pour devenir un réformateur utile, faut-il que l'esprit indépendant ait quelque chose de cette activité dévorante qui, restreinte aux petites choses, ne fait que les intrigants, et portée sur des objets plus nobles et plus grands, fait apparaître les bienfaiteurs de l'humanité. Les critiques et les destructeurs s'imposent l'obligation de pourvoir aux besoins des peuples qui n'ont pas été supprimés par la destruction des institutions destinées à les satisfaire, et ce devoir est d'autant plus grand et plus difficile à remplir, qu'il s'agit pour eux d'élever des institutions meilleures que les anciennes, et de les préserver des inconvénients qui les ont fait périr.

Malheureusement, l'expérience a prouvé qu'un esprit, quelque puissant qu'il soit, n'est pas toujours également propre à détruire et à réédifier.

D'abord il est des esprits indépendants qui, bien que critiques sensés et profonds, ne devront relever aucune des institutions qu'ils ont renversées, ni rétablir aucune des sciences de réalité qu'ils auront détruites. Les esprits contemplatifs et rêveurs, ennemis de l'observation et des choses réelles, peuvent être éminemment propres à attaquer, par leur esprit subtil, les doctrines reçues et les institutions existantes ; mais, par la nature des objets qu'ils étudient exclusivement, et des seuls matériaux qu'ils veulent employer, ils sont condamnés à ne jamais rien édifier, soit dans la société civile, soit dans les sciences fondées sur l'observation. Tel est, à notre avis, le sort de Descartes, qui, après avoir attaqué victorieusement la philosophie scolastique, ne put rien fonder, soit en physique, soit en astronomie, soit en géologie, soit même en logique, si l'on donne à ce mot la signification large de l'art de penser.

Nous venons de voir ce qu'est l'esprit d'un auteur ; cherchons aussi ce que peut être la méthode philosophique de l'auteur dont nous connaîtrions la nature.

Nous avons fait dériver l'esprit d'un auteur de sa nature. Pour nous, cet esprit n'est autre chose que la nature de l'auteur, déterminée par l'ordre des choses auxquelles elle s'applique. La nature de Bacon est l'indépendance, comme pour d'autres c'est la crédulité et la docilité d'esprit. Indépendant par nature, Bacon a été, en philosophie, hostile aux croyances vouées aux anciens auteurs sans contrôle, hostile à l'autorité absolue des oracles du jour, surveillant avec sévérité les opérations de sa propre intelligence, et lent en général à donner l'acquiescement de son esprit.

Dans l'étude des lois, il sera disposé à controverser les décisions et les principes de la jurisprudence. En politique, il sera porté à l'opposition au gouvernement établi. Réformateur en philosophie, il devra être novateur en législation et en politique.

L'ordre des choses auxquelles il s'applique pour manifester son indépendance, donne un caractère à l'indépendance de sa nature. L'objet auquel s'appliquent les tendances primitives d'un auteur, leur donne donc une première détermination, et la nature, déterminée par l'objet, devient l'*esprit* de l'auteur en une matière. L'esprit d'un auteur, à son tour, est déterminé par les moyens qu'il emploie pour arriver à la connaissance des vérités de la science générale. L'esprit de Bacon est d'être indépendant dans la recherche de la vérité; mais le sera-t-il au point de rejeter les axiomes des sciences quand ils sont des vérités nécessaires? Le sera-t-il au point de ne respecter aucun dogme religieux, aucune doctrine politique établie, au risque de troubler toute la société? Même question à nous adresser sur chacun des points principaux de la science. La manière spéciale dont un auteur résout les difficultés de chacun des points essentiels de la science, donne une détermination à son esprit dans l'étude de la science. L'ensemble des déterminations données à l'esprit d'un auteur par le choix des moyens destinés à découvrir la vérité philosophique, c'est ce que j'appelle la méthode philosophique de cet auteur. En d'autres termes, la méthode est l'ensemble des réponses que fait un auteur aux questions que donne lieu de poser chacun des points principaux du travail scientifique.

Il importe de rechercher quelles sont ces questions, et d'indiquer les principales réponses que l'on peut y faire.

Les questions que donnent lieu de faire les principaux points du travail scientifique, sont les suivantes :

1º Quel point de départ faut-il prendre pour asseoir la certitude de la science que l'on entreprend de fonder?

2º Dans le libre examen auquel on va se livrer, quel respect devra-t-on garder pour les dogmes religieux et les doctrines politiques admises dans l'État?

3º Quel objet faut-il étudier immédiatement? Quelle est l'étendue et la limitation de cet objet? Quelles en sont les divisions et les subdivisions?

4º A quel degré du savoir possible devra-t-on s'élever dans l'étude de cet objet? Faudra-t-il s'arrêter à la description et à la classification des substances et des faits, ou bien devra-t-on s'efforcer d'arriver à la connaissance des éléments pour les substances composées, à la connaissance des lois pour les faits? Ou bien essaiera-t-on de monter jusqu'à la découverte des causes, soit des causes secondes, soit des causes premières?

5º Quelles facultés intellectuelles ou quels autres moyens de connaître convient-il de choisir pour étudier chaque partie de l'objet, dans le but proposé?

6º Quels procédés faut-il exécuter avec les moyens de connaître qui ont été choisis?

7º Quand certaines théories auront été indiquées par les recherches auxquelles on se sera livré, quel moyen prendra-t-on pour contrôler la vérité de ces théories?

A la première de ces questions, un esprit porté à la crédulité et à la docilité d'esprit répondra qu'il accepte tous les principes admis par la généralité de ses concitoyens, par les anciennes autorités, et peut-être sera-t-il, en même temps, plein de respect pour les personnages influents dans les sciences de son temps, et pour les sociétés qui s'en sont constituées les oracles. Mais un esprit indépendant voudra contrôler les idées d'autrui qu'on lui propose; il osera examiner même les opinions généralement reçues; il se méfiera du témoignage de ses propres sens, et peut-être ira-t-il jusqu'à soumettre au doute les principes du sens commun, qui dirigent tous les hommes dans leurs jugements, qu'ils le sachent ou qu'ils l'ignorent.

Pour la seconde question, un auteur respectera les dogmes religieux et les doctrines reçues en politique; un autre voudra peut-être soumettre de nouveau tout à l'examen, et cela en vertu de la nature de son esprit.

Relativement à la troisième question, si le but proposé est élevé comme il doit l'être en philosophie, l'esprit d'un auteur trouve encore l'occasion de faire un choix dans l'objet immédiat de son étude. Pour découvrir l'origine du monde et sa fin, l'homme à forte imagination ne manquera pas de concevoir quelques théories plus ou moins ingénieuses pour résoudre ces immenses problèmes, plutôt que de s'enfoncer dans des études de faits qui ne peuvent aboutir à des résultats qu'en usant l'activité de plusieurs générations. Au contraire, l'homme passionné pour la réalité et les vérités positives, ne craindra pas d'avoir recours à l'observation et de descendre aux détails les plus minutieux, afin de découvrir d'abord les causes immédiates, et de préparer la découverte des causes générales.

L'un ne fera de divisions qu'au moyen de l'abstraction, l'autre prendra les objets à l'état concret, embrassera les faits dans leur complexité naturelle, et, quand il s'agira de diviser, il se contentera de séparer d'abord les objets concrets qui se sont juxtaposés ou ont été mis en contact; il se gardera de déchirer, de mutiler d'abord les objets qu'il veut connaître dans leur état naturel.

Pour la quatrième question, à quel degré du savoir faut-il s'élever? le philosophe, qui n'étudie que l'idéal, ne comprendra peut-être pas même ce qui lui est demandé, attendu que, dans l'idéal, tout est homogène, tout est immobile, on n'y connaît ni causes ni effets, il ne s'y trouve que des composés et des simples, et les liens nécessaires qui unissent les idées entre elles. Au contraire, l'ami de la réalité comprendra l'à-propos de cette question, et si quelquefois il est tenté de s'en tenir aux faits, il saura bientôt par son expérience, que la connaissance seule des faits n'explique rien, et ne prépare aucune ressource pour la pratique.

6° Quels procédés faut-il exécuter, etc.

La nature d'esprit de chaque auteur se fait encore voir dans les réponses qui sont faites à cette question. L'esprit emporté par son imagination quittera bien vite le terrain solide des faits, pour s'envoler dans les régions des conjectures et des hypothèses hasardées. Au contraire, l'esprit ami des réalités et des vérités positives, ne s'élèvera au-dessus des faits que lentement et seulement assez pour les voir dans leur ensemble, pour les dominer, pour en tirer des inductions rigoureuses, ou former des conjectures fondées sur les faits connus.

7° A la question du contrôle des théories trouvées, les réponses devront aussi bien varier, selon la nature des esprits. D'abord, l'esprit bouillant et dominé par son imagination, songera rarement à vérifier ses théories. Le plaisir qu'il éprouve à les faire, et le contentement qu'il conserve après les avoir faites, lui est un assez sûr garant de leurs vérités. Ensuite, quand il lui prendra fantaisie de revenir sur les systèmes enfantés par son imagination, il ne mettra certainement pas plus d'exactitude dans cette vérification, qu'il n'en aura mis dans leur création. L'esprit positif, au contraire, accoutumé à surveiller ses sens et ses moyens d'observation, restera bien souvent en méfiance contre son premier travail, et sera avide de le contrôler par les résultats et par les produits de l'expérience, consultée de nouveau.

La réponse faite à une de ces sept questions peut constituer à elle seule une méthode particulière qui donnera une philosophie caractérisée par cela même. On est donc autorisé à dire : Tant vaut la méthode, tant vaut la philosophie. De plus, la méthode étant une détermination de l'esprit d'un auteur, comme l'esprit est une détermination de la nature de cet auteur, c'est évidemment l'exposition de l'esprit d'un auteur qui doit précéder celle de sa méthode.

PREMIÈRE PARTIE.

—

ESPRIT DE BACON EN PHILOSOPHIE.

François Bacon naquit en Angleterre, dans le Strand, près de Londres, l'avant-dernière année de la mort de la puissante Elisabeth, fille du célèbre Henri VIII. Il vit tout le règne de Jacques Iᵉʳ, de 1603 à 1625, et termina sa vie dans la seconde année du règne de l'infortuné Charles Iᵉʳ. En un mot, né le 22 janvier 1561, Bacon mourut le 16 avril 1626.

A ces époques indiquées de l'histoire d'Angleterre, correspondent le règne de Charles IX, de 1560 à 1574; celui de Henri III, jusqu'à 1589; celui de Henri IV, jusqu'en 1610; enfin, celui de Louis XIII, qui survécut à Bacon et ne mourut qu'en 1643. Si l'on veut comparer Bacon, sous le rapport du temps, à un philosophe français qui accomplit une mission analogue à la sienne, nous dirons que Descartes ne vint au monde qu'en 1596 et mourut en 1650. Les premières publications philosophiques de Bacon eurent lieu de 1597 à 1605. Le *Discours de la méthode*, première publication de Descartes, ne parut qu'en 1637, c'est-à-dire trente-deux ans au moins après celle de Bacon.

L'esprit d'un auteur, avons-nous dit, comprend les tendances et les aptitudes intellectuelles primitives de cet auteur avec les dispositions habituelles qu'il a contractées par l'effet du milieu dans lequel il a vécu. Il serait donc à propos, pour faire connaître l'esprit de Bacon, de donner une idée générale de l'état des mœurs et de la civilisation du pays comme du siècle où il vécut. Mais ces détails nous mèneraient trop loin; on en trouvera le tableau dans les principaux historiens, à l'article des règnes que nous avons indiqués. Nous pouvons même concevoir quelles étaient les ténèbres et l'ignorance où était encore plongée l'Angleterre à cette époque, en en jugeant par ce que nous savons de la France aux mêmes époques, de la France, qui précéda les autres nations dans la voie de la régénération littéraire et scientifique, à l'exception de l'Italie. En effet, les règnes de Charles IX, de Henri III et même les deux suivants, furent des temps d'ignorance et de superstition.

Bacon fut d'abord lancé dans la carrière politique, où il devint chancelier, et ce fut au milieu de ses travaux politiques, depuis 1605 à 1620, qu'il publia les principaux ouvrages de l'*Instauratio magna*, c'est-à-dire, de la grande rénovation qu'il avait entreprise. Arraché à la vie politique par des circonstances que nous ne pouvons raconter ici, rendu à ses méditations philosophiques et contemplant de nouveau l'ignorance de son siècle, il reprit l'exécution d'un projet qu'il avait conçu dès sa jeunesse : c'était la rénovation de toutes les sciences. Il embrassa toute l'étendue de cette tâche immense avec une sagacité prodigieuse; il en distingua clairement toutes les parties, et dessina, d'une main vigoureuse, le cadre de chacune d'elles. Ses plans étaient tracés avec tant de vérité et d'à-propos, que bien des novateurs modernes ont marché dans les voies qu'il avait ouvertes, ont rempli des cadres qu'il avait formés, et cela sans connaître les indications de Bacon et s'imaginant ne suivre que les inspirations de la vérité et de leur propre génie.

Bacon se montre d'abord un critique à vue profonde, puis il devient un réformateur plein de foi dans la perfectibilité humaine, et animé d'un vif sentiment religieux; et jamais, dans ses réformes, il ne sort des bornes du bon sens et de la raison.

Les critiques auxquelles il se livre sont développées ou impliquées dans chacun de ses ouvrages. Elles se montrent spécialement dans la première partie du *Novum Organum*, ou de la logique nouvelle qui est consacrée à la critique de la science ancienne et à sa destruction. C'est pour cela que l'auteur l'appelle *pars destruens*, par opposition à la dernière, nommée *pars informans* ou *instruens*. Nous les montrerons dans plusieurs de ses ouvrages.

Non-seulement Bacon critique les livres et les institutions de son temps, mais il aspire à en remplir les lacunes, à en corriger les défauts, à remplacer ce qui est mauvais par des sciences et des institutions meilleures. En général, il ne se borne pas à contempler ses idées et ses conceptions, il est empressé de les réaliser et prompt à s'élancer dans la pratique. Il n'étudie spéculativement que pour opérer et produire dans la vie réelle. Ses études spéculatives ont pour but la connaissance de la cause, parce que ce qui est cause dans la spéculation est moyen de production dans la pratique. Il était si passionné pour la production des choses réelles, que, s'abusant dans son idée de la puissance humaine, il espérait *faire naître dans un corps donné une ou plusieurs propriétés nouvelles, et l'en revêtir*, et ensuite arriver par là à transformer les corps concrets les uns dans les autres. (*Nov. Org. Aph.*)

Pour atteindre le premier but, il fallait résoudre chaque composé, chacun des corps concrets en ses natures simples, et chercher l'essence, la *cause formelle*, la *forme* de chacune de ses natures simples. Ainsi l'or réunissant les propriétés suivantes : d'être jaune, pesant, malléable, ductile, etc., il fallait chercher quelle est l'essence de chacune de ces propriétés, en d'autres termes, ce qui fait que l'or est jaune, qu'il a telle pesanteur, qu'il est malléable, etc. Suivant Bacon, quand on aura acquis ces connaissances, quand on possédera ces secrets de la nature, on pourra donner à une autre substance que l'or la couleur jaune, la même pesanteur, la même malléabilité, etc.

Pour obtenir le second résultat, savoir : la transformation des choses concrètes les unes dans les autres, il faut, pour les choses qui se forment par accroissement, suivre le progrès des mouvements qui se font dans chacune de ces choses pour leur développement, ce qu'il appelle le progrès latent. Par exemple, s'il s'agit d'une plante qui provienne d'une semence, il faudra en suivre la progression végétative depuis le premier gonflement du germe jusqu'à la parfaite formation de la plante. S'agit-il de choses concrètes qui ne se développent point, mais qui sont formées tout d'abord dans l'état qu'elles gardent durant toute leur existence ? On en cherchera les éléments ou la constitution cachée. C'est ce qui a lieu dans l'étude des minéraux.

Sans doute, Bacon s'abuse beaucoup sur la portée de la puissance humaine : on ne peut donner à une substance une propriété qu'il n'est pas dans sa nature d'avoir. Le plomb ne deviendra pas de l'or. Il est des substances qui sont à jamais séparées l'une de l'autre, en ce sens que l'une ne deviendra jamais l'autre, du moins d'après les lois de la création actuelle. S'ensuit-il pour cela que Bacon ne nous fasse rien d'utile, en recherchant l'essence de chaque nature simple, ou bien en nous faisant étudier le progrès latent des substances qui se développent et la constitution secrète des substances qui ne se développent point et restent sans accroissement? Nous ne le pensons pas, nous qui avons acquis la connaissance de ce qui produit la pesanteur et la couleur. En général, les causes des propriétés des corps et des phénomènes qui s'y passent, sont les agents mêmes de la nature, et la vraie physique n'est autre chose que l'étude de ces agents. L'étude des progrès latents et la recherche de la constitution intime, ont sans doute fait naître chez nous la physiologie et la chimie.

Ainsi, bien que dans l'excès de son amour pour la production des choses réelles, Bacon puisse paraître un alchimiste et un magicien, cependant, en retranchant ce qu'il y a de présomptueux dans ses prétentions, on conserve de son œuvre des résultats utiles et importants pour l'avenir des sciences humaines.

INDICATION DES TEXTES OU BACON ÉNONCE SES CRITIQUES.

Les idées de critique et de réforme qu'énonce Bacon se retrouvent presque les mêmes dans tous ses ouvrages, bien qu'ils aient été composés à de longues années d'intervalle, ce qui prouve la netteté et la permanence de ces idées dans son esprit. Il reste tellement lui-même, qu'on peut dire qu'il est tout entier et toujours le même dans chacune de ses productions.

Nous nous contenterons de montrer ces idées dans trois ou quatre de ses ouvrages, en suivant l'ordre indiqué dans l'*Instauratio magna.*

PREMIER ESSAI D'EXPOSITION.

Préface du DE AUGMENTIS. — La préface même qui sert d'introduction à la restauration générale des sciences, contient Bacon tout entier, soit comme critique, soit comme réformateur.

Voici le cadre de cette préface :

« Jusqu'ici, les hommes se sont fait une trop haute idée de leurs richesses, et ils ont en même temps mal employé leurs forces (§ 1).

» Ils se sont fait une trop haute idée de leurs richesses, car les sciences dont ils se glorifient sont stériles en œuvres, fécondes en controverses, lentes dans leurs progrès, ou même stationnaires, incomplètes, avec l'apparence de la perfection ; elles peuvent plaire au vulgaire, parce qu'elles sont adaptées à sa courte portée ; mais elles sont suspectes à leurs auteurs mêmes (2-9).

» Ils ont mal employé leurs forces. En effet, s'il s'est trouvé des hommes qui aient voulu reculer les bornes des connaissances humaines, ou ils n'ont pas eu le courage de rompre avec les opinions reçues, ou ils ont substitué leurs propres erreurs aux erreurs anciennes, ou enfin ils se sont égarés dans les détours du labyrinthe, faute d'un fil conducteur, c'est-à-dire, faute d'une méthode sûre (10-13).

» C'est cette méthode qu'il faut découvrir et employer, si l'on veut pénétrer plus avant dans le domaine des sciences. Ce sera là l'objet principal de cette restauration des sciences (14-18). » Vient ensuite la distribution de toute l'œuvre de Bacon.

Dans ce cadre se trouvent énoncées sommairement les principales idées de Bacon de critique ou de réforme. Après avoir montré que, si les sciences de son temps, stériles en effets et fécondes en disputes, sont restées stationnaires, ce n'est nullement parce qu'elles sont arrivées à leur perfection, mais bien parce qu'elles ont été arrêtées par l'audace de quelques-uns qui ont annulé les travaux de tous les autres et ont capté pour eux seuls un culte idolâtre de la part de la multitude, il signale comme objets de critique les faits qui suivent :

1° Le respect aveugle que l'on a pour les anciens.

« .... Tandis qu'on respecte ainsi les opinions et les usages, toutes ces précautions pour garder le milieu tournent au grand préjudice des sciences, car il est rarement donné de pouvoir tout à la fois admirer les autres et les surpasser. Il en est de cela comme des eaux qui ne s'élèvent jamais au-dessus de leurs sources. Aussi, les hommes de cette trempe corrigent-ils certaines choses, mais ils avancent peu les sciences; leurs progrès sont en mieux et non en plus (10). »

2° Un excès contraire, l'amour du changement sans rien améliorer, parce qu'on manque de méthode.

« Ce n'est pas, dit-il, qu'il n'y ait eu assez de personnages qui, prenant un essor plus hardi, se sont cru tout permis, et qui, s'abandonnant à toute l'impétuosité de leur génie, ont su, en abattant et ruinant tout ce qui était devant eux, se frayer un chemin à eux-mêmes et à leurs opinions; mais au fond, qu'avons-nous gagné à tout ce fracas, nous qui voyons qu'ils visaient moins à étendre la philosophie et les arts par les œuvres et les effets, qu'à changer les systèmes reçus et à faire prédominer leur opinion, efforts qui n'étaient rien moins qu'utiles, attendu qu'entre les erreurs opposées, les causes d'illusion sont presque communes? (11) »

3° Les philosophes qui fondent leurs théories sur quelques faits vulgaires, confusément connus, mal interprétés par conséquent, d'où ils font sortir des théories qu'ils appliquent à l'ensemble de tous les faits pris dans toute leur complexité et dans toute leur vérité. Ce sont les *rationalistes* sophistes.

4° Les philosophes qui connaissent, à la vérité, assez exactement certains faits, mais qui ont aussi le tort d'appliquer à tous les faits ce qui ne convient qu'à quelques-uns. Ce sont les *empiristes* exclusifs.

Dans un autre tableau, il ajoutera à ces philosophies vicieuses les philosophies *superstitieuses*, les philosophies *intellectualistes* ou *idéalistes*, et les philosophies faites du point de vue d'un seul art ou d'une seule science.

« Que s'il s'en est trouvé qui, n'étant esclaves ni de leurs propres opinions, ni de l'opinion d'autrui, mais partisans de la seule liberté, ont assez ardemment aimé la vérité pour souhaiter que les autres la cherchassent avec eux, ceux-là, sans doute, ont eu des intentions assez louables, mais leurs efforts ont été impuissants, car ils paraissent ne s'être attachés qu'aux probabilités : emportés par le tourbillon des arguments, ils n'ont fait que tournoyer dans un cercle, et, s'étant permis de chercher la vérité par toutes sortes de voies, ils se sont relâchés de cette sévérité qu'exigeait l'étude de la nature; il ne s'en est trouvé aucun qui ait fait, dans les choses mêmes et dans l'expérience, un séjour suffisant. D'autres, au contraire, qui se sont abandonnés aux flots de l'expérience, au point d'en être devenus presque de purs artisans mécaniques, ne laissent pas, tout en y restant attachés, de ne suivre qu'une sorte de méthode vagabonde, et ne militent pas pour elle d'après des règles fixes (11-12). »

5° Les observateurs et expérimentateurs qui, ne sachant pas saisir les questions dominantes de la science, ont usé leur activité sur des questions secondaires qui ne les conduisent pas aux questions premières, bien qu'ils soient obligés de changer continuellement l'objet de leur étude pour trouver un point d'appui solide.

« .... Après avoir laborieusement varié leurs expériences, ils ne peuvent se reposer sur ce qu'ils ont trouvé ; ils trouvent toujours quelque autre chose à chercher (12). »

Ceux dont nous parlons sont animés de l'amour de la vérité ; seulement ils se proposent un but mesquin, au lieu de viser à un but élevé. Mais il en est d'autres qui ne tendent qu'à faire des profits. Bacon signale donc :

6° Les philosophes qui ne sont animés que de l'amour du lucre.

« Une méprise qu'il ne faut pas oublier, c'est que ceux qui ont fait preuve de quelque industrie à faire des expériences, se sont empressés de courir à certaines découvertes qu'ils avaient en vue pour leurs intérêts, et qui ne pouvaient être faites qu'après plusieurs autres : ils ont cherché des expériences fructueuses et non des expériences lumineuses : loin d'imiter l'ordre qu'a suivi Dieu même, qui, le premier jour de ses travaux, ne créa que la lumière, consacrant un jour entier à ce seul travail, et ne produisit, ce jour-là, aucun ouvrage grossier, renvoyant aux jours suivants les œuvres matérielles (12). »

7° Les philosophes qui, pour trouver la vérité, n'ont compté que sur la logique ancienne.

« ....On a bien vu que l'entendement, privé de règles, doit être tenu pour suspect ; mais il s'en faut de beaucoup que le remède des règles qu'on a apportées soit aussi fort que le mal. Ce remède est lui-même entaché de mal, car, bien que cette logique soit d'un très-bon service dans les arts et dans les affaires civiles, toutes choses qui roulent sur les discours et les opinions, néanmoins il s'en faut de beaucoup qu'elle puisse saisir ce que la nature a de plus subtil ; s'efforçant d'embrasser ce qu'elle ne saisit point, elle sert plutôt à établir et à fixer les erreurs qu'à frayer le chemin à la vérité (13). »

Bacon blâme d'un autre côté :

8° Les philosophes qui, parmi nos divers moyens de connaître, ne font usage que des sens et négligent les facultés dont nous sommes doués pour connaître ce qui échappe aux sens, c'est-à-dire, la faculté d'interpréter et la faculté plus générale d'induire. Interpréter, c'est, sans doute, passer de ce qui est visible à ce qui ne l'est pas, mais seulement en allant du signe à la chose signifiée. Induire, c'est passer du connu à l'inconnu, quelle que soit la nature des rapports du connu à l'inconnu, fût-ce le rapport de l'effet à la cause, du mode à la substance, du composé à ses principes, du phénomène apparent au phénomène réel, etc.

« .... C'est à la lumière incertaine des sens, qui tantôt brille et tantôt se cache, qu'on se croit obligé de faire route à travers les forêts des faits particuliers et de l'expérience.... Il nous faut un fil pour diriger notre marche ; il nous faut tracer la route tout entière, depuis les premières perceptions des sens jusqu'aux degrés les plus élevés de la science...... Pour pouvoir aborder aux parties les plus reculées et les plus cachées de la nature, il faut absolument découvrir et adopter une manière plus sûre et plus parfaite de mettre à profit l'action de l'entendement humain (14). »

La faculté d'interpréter et celle d'induire ne sont pas l'imagination ni l'entendement pur, dans le sens de faculté de concevoir.

« .... Tous ceux qui, avant nous, se sont appliqués à l'invention des arts, contents de jeter un coup d'œil sur les choses, sur les exemples et l'expérience, comme si l'*invention* n'était qu'une *certaine manière d'imaginer*, se sont hâtés d'*invoquer* en quelque sorte leur propre esprit, afin qu'il leur rendît des oracles. Quant à nous qui nous tenons modestement et perpétuellement dans les choses mêmes, et ne nous éloignons des faits particuliers qu'autant qu'il est nécessaire pour que les images et les rayons des choses puissent se réunir dans l'esprit, comme ils se réunissent au fond de l'œil, nous donnons peu aux forces et à la supériorité du génie. Or, cette méthode si humble que nous suivons dans l'invention, nous la suivons aussi dans l'exposition.... Par ce moyen, nous croyons marier à jamais, et d'une manière aussi stable que légitime, la méthode empirique et la méthode rationnelle, méthodes dont le divorce malheureux et les fâcheuses dissonances ont troublé tout dans la famille humaine (14-15). »

Dans ses idées de réformateur, il n'oublie point de rattacher à Dieu le succès de son œuvre, ni de protester de son respect pour les vérités religieuses.

« Pour nous, dit-il, animé sans contredit d'un éternel amour de la vérité, nous nous sommes lancé courageusement dans des routes incertaines et difficiles où il fallait marcher seul. Appuyé et faisant fond sur la puissance divine, nous nous sommes aussi fortifié contre la violence des opinions qui se présentaient devant nous comme autant d'armées rangées en bataille, contre nos propres et secrètes irrésolutions, contre les scrupules de toute espèce, enfin contre l'obscurité des choses, contre ces nuages et ces fantômes qui voltigeaient dans notre esprit ; nous désirions nous mettre une fois en état de procurer à nos contemporains et à la postérité des secours plus effectifs et plus assurés. Et si, dans cette nouvelle route, nous avons fait quelques pas, la seule méthode qui nous en ait frayé le chemin n'est autre que ce soin même que nous avons d'humilier sincèrement, et autant qu'il est nécessaire, l'esprit humain.... (15). »

« Comme le succès de notre entreprise ne dépend nullement de notre volonté, nous adressons à Dieu en trois personnes nos très-humbles et très-ardentes supplications, afin qu'abaissant ses regards sur les misères du genre humain et sur le pèlerinage de cette vie, qui se réduit à si peu de jours et assez malheureux, il daigne dispenser, par nos mains, ses nouveaux bienfaits à la famille humaine (16). »

Telles sont les paroles d'un philosophe qu'on accuse continuellement d'impiété et d'orgueil ! Ne suffit-il pas de lire cette seule préface pour se convaincre que ses détracteurs passionnés n'ont pas lu un seul de ses ouvrages ?

Voici comment Bacon témoigne son respect pour les vérités

religieuses, tout en maintenant l'indépendance de la philosophie de la nature.

« Nous souhaitons, de plus, que les choses humaines ne nuisent pas aux choses divines, et que le fruit de la peine que nous prenons pour frayer la route des sens, ne soit pas de faire naître une certaine incrédulité, et de répandre une certaine obscurité dans les esprits, par rapport aux divins mystères ; mais que plutôt, avec un entendement pur, dégagé d'idées fantastiques, et qui n'en soit pas moins soumis, que dis-je, qui soit totalement asservi aux oracles divins, on accorde à la foi ce qui appartient à la foi ; qu'enfin, ayant évacué le poison de la science que le serpent a fait couler dans les esprits, et qui les enfle, nous n'ayons point l'ambition d'être plus sages qu'il ne faut, et que, sans passer jamais les limites prescrites, nous cultivions la vérité dans un esprit de charité....

» Le premier avertissement que nous donnerons aux hommes (et nous les en avons déjà priés), c'est de maintenir leur sens dans le devoir par rapport aux choses divines, car le sens, en cela semblable au soleil, dévoile la face du globe terrestre, mais c'est en voilant celle du globe céleste (17). »

Bacon défend ensuite l'indépendance de la philosophie.

« Cependant, qu'ils (les hommes) prennent garde, en évitant cet excès, de donner dans l'excès contraire, et ils y donneront sans contredit, pour peu qu'ils s'imaginent que l'étude de la nature est divisée dans quelques-unes de ses parties, en vertu d'une espèce d'interdit. Le principe et l'occasion de la chute de l'homme n'a pas été cette science pure et sans tache, à la lumière de laquelle Adam imposa aux choses leurs noms tirés de leurs propriétés ; mais ce fut le désir ambitieux de cette science impérative qui se fait juge du bien et du mal, et cela en vue de se révolter contre Dieu, de s'imposer des lois à soi-même. Telle fut la cause et le mode de sa tentation. Mais quant à ces sciences qui contemplent la nature, voici ce que prononce la philosophie sacrée : La gloire de Dieu est de cacher son secret, et la gloire d'un roi est de le trouver... (17). »

Dans le *Novum Organum*, première partie, Bacon combat aussi l'opposition mal fondée que certains théologiens ont faite à la philosophie.

« Vous trouverez, dit-il, que l'ineptie de certains théologiens est allée à ce point, qu'ils interdisent à peu près toute
philosophie, quelque châtiée qu'elle soit. Les uns craignent
tout simplement qu'une étude de la nature trop approfondie
n'entraîne l'homme au delà des limites de modération qui lui
sont prescrites, et ils torturent les paroles de la sainte Ecriture, prononcées contre ceux qui veulent pénétrer dans les
mystères divins, et qu'ils appliquent aux secrets de la nature,
dont la recherche n'est nullement interdite. D'autres pensent
avec plus de finesse que, si les lois de la nature sont ignorées,
il sera bien plus facile de rapporter chacun des événements à
la puissance et à la verge de Dieu, ce qui, selon eux, est
du plus grand intérêt pour la religion. Ce n'est là rien autre chose que vouloir *servir Dieu par le mensonge*. D'autres
craignent que, par la contagion de l'exemple, les mouvements et les révolutions philosophiques ne se communiquent
à la religion, et n'y déterminent, par contre-coup, des boule-
versements. D'autres semblent redouter que, par l'étude de
la nature, on n'arrive à quelque découverte qui renverse, ou
au moins ébranlent la religion, surtout dans l'esprit des
ignorants. Mais ces deux dernières craintes nous semblent té-
moigner d'une sagesse bien terrestre, comme si ceux qui les
ont conçues se défiaient, au fond de leur esprit et dans leurs
secrètes pensées, de la solidité de la religion et de l'empire de
la foi sur la raison, et redoutaient, en conséquence, quelque
péril pour elle de la recherche de la vérité dans l'ordre naturel. Mais, à bien voir, la philosophie de la nature est, après
la parole de Dieu, le remède le plus certain contre la superstition, et, en même temps, le plus ferme soutien de la foi.
C'est à bon droit qu'on la donne à la religion comme la plus
fidèle des servantes, puisque l'une manifeste la volonté de
Dieu, et l'autre sa puissance. C'est un mot excellent que celui-ci : Vous errez en méconnaissant, soit les écritures, soit
la puissance de Dieu ; dans ce mot, sont jointes et unies, par
un lien indissoluble, l'information de la volonté et la méditation sur la puissance. Cependant, il ne faut pas s'étonner si
les progrès de la philosophie ont été arrêtés, lorsque la religion, qui a tant de pouvoir sur l'esprit des hommes, a été
tournée et emportée contre elle par le zèle ignorant et mal-
adroit de quelques-uns. (*Novum Organum*, liv. I.) »

Bacon termine ses recommandations de la première partie de sa préface en rappelant aux hommes le but élevé de la science.

« Nous souhaitons que tous les hommes ensemble soient avertis de ne point perdre de vue la fin véritable de la science, et sachent une fois qu'il ne faut point la chercher comme une sorte de passe-temps ou comme un sujet propre à la dispute, ou pour mépriser les autres, ou en vue de son propre intérêt, ou pour se faire une réputation, ou pour augmenter sa propre puissance, ou pour tout autre motif de cette espèce, mais pour se rendre utile à tous et pour l'appliquer aux usages de la vie humaine. Nous souhaitons, enfin, qu'ils la perfectionnent et la dirigent par l'esprit de charité ; car c'est la soif de la puissance qui a causé la chute des anges, et la soif de la science qui a causé celle des hommes. Mais la charité ne peut pécher par excès, et jamais par elle ange ou homme ne fut en danger (17). »

La seconde partie de la préface contient l'exposition de l'œuvre entière de Bacon, et sa distribution en six parties. Voici l'indication de l'objet assigné à chacune d'elles.

Première partie.—Affligé du discrédit dans lequel les sciences étaient tombées et de l'état déplorable où elles se trouvaient réduites, Bacon veut d'abord les réhabiliter dans l'opinion publique, et enseigner les moyens de les faire avancer d'un pas rapide et sûr. Pour y arriver, il montre les avantages de l'instruction et combat les préventions dont la science peut être l'objet ; puis il passe en revue toutes les branches des connaissances humaines, et indique les lacunes et les vices qu'elles peuvent offrir, ainsi que les améliorations dont elles sont susceptibles. C'est là l'objet de *la première partie* de la tâche qu'il s'est imposée. C'est celui qu'il a traité dans un de ses livres peut-être son chef-d'œuvre, intitulé : *De dignitate et augmentis scientiarum.* Passons à la *seconde partie.*

Seconde partie. — Il ne suffisait pas d'avoir trouvé le mal, il fallait en indiquer le remède. Comme c'est surtout dans l'étude de la nature que se faisait sentir le vice de la philosophie régnante, c'est aussi de ce côté que Bacon dirigea tous ses efforts : il enseigna l'art d'observer les phénomènes et de les interpréter ; c'est la seconde partie de sa tâche qu'il appelait la méthode *novum organum sive indicia de interpretatione naturæ*. Tel fut l'objet de la seconde partie de l'*Instauratio* et il y consacra un autre ouvrage qui a pour titre : *Novum Organum*, nouvel instrument, c'est-à-dire, *méthode nouvelle*.

Troisième et quatrième partie. — Ce n'était pas encore assez d'avoir trouvé la méthode ou la théorie de l'interprétation de nature, si l'on n'enseignait la manière de s'en servir et si on ne l'appliquait soi-même, afin de donner l'exemple. Il fallait d'abord rassembler le plus grand nombre de faits possible, les plus propres à manifester les causes qui les produisent et pour en recueillir l'instruction qu'ils renferment, les disposer de la manière la plus convenable et la plus commode aux vues de l'esprit ; travailler sur ces faits à s'élever graduellement, par une sorte d'échelle, à la découverte de leurs causes qu'il appelle leurs *lois*, puis à redescendre, par une marche inverse, de ces causes générales à leurs applications particulières. Bacon voulut offrir le modèle de ces deux genres de recherches. De là, deux nouvelles parties de l'*Instauratio magna*, savoir : l'*Histoire naturelle et expérimentale*, ensuite l'*Echelle de l'entendement*. *(Scala intellectus.)*

Cinquième partie. — Après ces travaux il semblait que, pour constituer la philosophie, il n'y eût plus qu'à recueillir en un seul corps de science les vérités découvertes par l'application de la méthode. Mais Bacon, pensant qu'il ne lui était pas encore donné d'arriver à des solutions définitives et à des vérités d'une certitude complète, voulut faire précéder la vraie philosophie d'une philosophie provisoire qui se composerait d'opinions seulement vraisemblables et telles qu'elles pouvaient résulter des données insuffisantes que possédait son siècle. De là, la *Science provisoire*, les *Avant-coureurs ou les anticipations de la philosophie (Prodromi, sive anticipationes philosophiæ)*.

Sixième partie. — Voici enfin quelle devait être la *sixième partie* : elle devait contenir la science véritable, la philosophie proprement dite. Mais on ne pouvait ici qu'en marquer la place, c'était aux siècles futurs à la constituer. Telle devait être la *Philosophie définitive (Philosophia secunda sive activa)*, qui vient clore cet immense cercle de travaux.

Telle est la simple et belle ordonnance du gigantesque édifice que Bacon se proposait de construire, mais dont il n'a pu élever que la plus petite partie. Au reste, il reproduit ce plan dans plusieurs de ses écrits.

Après avoir distribué sa grande œuvre en six parties, il met fin à la préface par les réflexions et la prière suivantes :

« L'homme, interprète et ministre de la nature, ne conçoit et ne réalise ses conceptions qu'en proportion de ce qu'il sait découvrir dans l'ordre de la nature, soit par l'observation, soit par la réflexion ; il ne sait et ne peut rien de plus, car il n'est point de force qui puisse rompre ou relâcher la chaîne des causes et des effets, et, si l'on veut vaincre la nature, ce n'est qu'en lui obéissant : ainsi ces deux buts, la science et la puissance humaines, coïncident exactement dans les mêmes points ; et si l'on manque les effets, c'est par l'ignorance des causes. L'essentiel est de ne jamais détourner des choses les yeux de l'esprit, et de recevoir leurs images précisément telles qu'elles sont ; car Dieu sans doute ne permettrait pas que nous donnassions pour une copie fidèle du monde le pur rêve de notre imagination. Espérons plutôt que, moyennant sa faveur et sa bonté, nous serons en état d'écrire l'apocalypse et la véritable vision des vestiges et des caractères que l'Auteur des choses a imprimés dans ses créatures.

« Daigne donc, ô Père de toute sagesse, qui donnas à la créature les prémices de la lumière visible, et qui, mettant la dernière main à tes œuvres, fis briller sur la face humaine la lumière intellectuelle, daigne favoriser et diriger cet ouvrage qui, étant parti de ta bonté, doit retourner à ta propre gloire ! Toi, lorsque tu dirigeas les regards vers l'œuvre que tes mains avaient opérée, tu vis que tout était bon ; mais l'homme, lorsqu'il se tourne vers l'œuvre de ses mains, voit que tout n'est que vanité et tourment d'esprit. Si donc nous arrosons de nos sueurs l'œuvre de ta main, tu daigneras nous rendre participant de ta vision et de ton sabbat. Daigne fixer dans nos cœurs ces sentiments dignes de toi, et dispenser à la famille humaine de nouvelles aumônes, par nos mains et par les mains de ceux à qui tu auras inspiré d'aussi saintes intentions. »

Dans l'analyse que nous venons de donner de la *préface* de l'*Instauratio magna*, on a dû remarquer que Bacon, caractérisant l'indépendance de sa philosophie, s'arrête devant les dogmes de la foi et établit les limites de la philosophie et de la théologie sacrée. Les idées qu'il énonce sur ce point, nous pouvons les confirmer et les compléter par ce qu'il dit encore dans le livre III du *de Augmentis*, de cette partie de la philosophie que l'on appelait de son temps la *théologie naturelle*, et qui comprenait la théodicée et la morale de nos jours.

« .... S'il s'agit de définir la théologie naturelle, disons que c'est une science, ou plutôt une étincelle de science, telle tout au plus qu'on peut l'acquérir sur Dieu par la lumière naturelle et la contemplation des choses, science qui peut être regardée comme divine quant à son objet, et comme naturelle quant à la manière dont elle est acquise. Actuellement, si nous voulons marquer les vraies limites de cette science, nous dirons qu'elle est destinée à réfuter l'athéisme, à le convaincre de faux, à faire connaître la loi naturelle, qu'elle ne s'étend que jusque-là, et qu'elle ne va point jusqu'à établir la religion. Aussi voyons-nous que Dieu ne fit jamais de miracle pour convertir un athée, attendu que la lumière naturelle suffisait à cet athée pour le conduire à la connaissance de Dieu ; mais les miracles ont eu pour but manifeste la conversion des idolâtres et des hommes superstitieux qui, à la vérité, reconnaissaient la divinité, mais qui s'abusaient par rapport au culte qui lui est dû. La seule lumière naturelle ne suffit pas pour manifester la volonté de Dieu et pour faire connaître son culte légitime ; car, de même que les œuvres montrent bien la puissance et l'habileté de l'ouvrier, et ne montrent point son image, de même aussi les œuvres de Dieu peignent, il est vrai, la sagesse et la puissance de l'auteur de toutes choses, mais ne retracent nullement son image, et c'est en quoi l'opinion des païens s'éloigne de la vérité sacrée ; selon eux, le monde est l'image de Dieu, et l'homme l'image du monde. Mais la sainte Ecriture ne fait point au monde cet honneur de le qualifier, en quelque lieu que ce soit, d'image de Dieu, mais seulement d'ouvrage de ses mains ; c'est l'homme qu'elle qualifie d'image de Dieu, le plaçant immédiatement après lui. Et quant à la manière de traiter ce sujet, que Dieu existe, qu'il soit souverainement puissant, sage, prévoyant et bon, qu'il soit le rémunérateur et le vengeur suprême, qu'il mérite notre adoration, c'est ce qu'il est facile d'établir et de démontrer, même par ses œuvres. On peut aussi, sous la condition d'une certaine réserve, tirer de la même source et dévoiler une infinité de vérités admirables et cachées, sur ses attributs, et beaucoup plus encore sur la manière dont il régit et dispense toute chose dans l'univers ; c'est un sujet que quelques écrivains ont traité dans des ouvrages vraiment utiles ; mais vouloir, d'après la seule contemplation des choses naturelles, et les seuls principes de la raison humaine, raisonner sur les mystères de la foi, ou même les persuader avec plus de force, ou encore les analyser dans un certain détail et les éplucher, c'est, à mon sentiment, une entreprise dangereuse. « Donnez » à la foi ce qui appartient à la foi ; » car les païens eux-mêmes, dans cette fable si connue et vraiment divine de la chaîne d'or, accordent eux-mêmes « que ni les dieux ni les » hommes ne furent assez forts pour tirer Jupiter des cieux » sur la terre, mais que Jupiter le fut assez pour tirer de la » terre dans les cieux et les hommes et les dieux. » Ainsi, ce serait faire d'inutiles efforts que de vouloir adapter à la raison humaine les célestes mystères de la religion. Il conviendrait plutôt d'élever notre esprit jusqu'au trône de la céleste vérité, afin de l'adorer. Ainsi, tant s'en faut que dans cette partie de la théologie naturelle je trouve quelque chose à suppléer, qu'elle pèche plutôt par excès, et c'est pour noter cet excès que je me suis jeté dans cette courte digression, attendu les inconvénients et les dangers qui en résultent, tant pour la religion que pour la philosophie ; car c'est précisément cet excès qui a enfanté l'hérésie, ainsi que la philosophie fantastique et superstitieuse. » (*De Augmentis*, liv. III, c. 2.)

DEUXIÈME ESSAI D'EXPOSITION.

De Augmentis. — Par l'examen de la seule préface de l'*Instauratio magna*, nous avons pu donner une première exposition des idées critiques et des idées réformatrices de Bacon. Nous allons en donner une seconde, en nous servant du *de Augmentis* même.

Dans cette première partie du grand œuvre, à la fin de la première section du premier livre, Bacon énumère les défauts que l'on peut reprocher aux ouvrages de son temps. Il signale d'abord trois défauts capitaux qui ont beaucoup de rapport avec les philosophies vicieuses dont il a parlé dans la préface, et le reste n'est guère que la répétition et le développement des erreurs énoncées dans le tableau de cette préface. Ces trois défauts sont : une vaine recherche de qualités bonnes seulement dans quelques cas, telles que l'élégance, l'abondance ou la concision (*vanæ affectationes, sive doctrina fucata* [25-30]) ; de vaines disputes (*vanæ altercationes, sive doctrina litigiosa*), telles que celles auxquelles se livraient les scolastiques (31-32) ; de vaines imaginations (*vanæ imaginationes, sive doctrina phantastica*), qui consistent dans les erreurs de toute espèce qu'engendrent ou l'imposture ou la crédulité, et surtout ce genre de crédulité qui accorde une foi aveugle à la parole du maître ou à la science (33-36).

Il signale ensuite quelques autres défauts moins graves, tel qu'un ridicule engouement, soit pour la nouveauté, soit pour l'antiquité, qui n'est en réalité que la jeunesse du monde (37-38) ; une injurieuse défiance de ses propres forces, qui porte à croire qu'il n'y a plus de découvertes possibles ; une confiance aveugle dans les décisions de la multitude et des siècles, quoiqu'il soit vrai que le temps, comme un fleuve, ne laisse surnager que ce qu'il y a de plus léger (40) ; l'empressement de réduire ses connaissances en corps de doctrine, comme s'il n'y avait plus rien à ajouter à la science (41) ; l'habitude de traiter des sciences isolément, et de négliger la philosophie première, qui les domine toutes comme une tour élevée (42) ; le penchant à inventer des systèmes au lieu d'observer la nature (43) ; ou à tout expliquer par des théories empruntées à une seule science (44) ; la précipitation à prononcer sur toutes choses au lieu de douter sagement (45) ; le dogmatisme des maîtres (46) ; la mesquinerie du but que se proposent les savants dans leurs études, les uns ne songeant qu'à satisfaire une vaine curiosité, les autres qu'à augmenter leur réputation ou leurs richesses. »

Nous allons donner les développements de l'auteur lui-même sur les espèces d'erreurs indiquées dans ce sommaire.

La crédulité dont parle Bacon dans le paragr. 33, est de deux espèces et varie en raison de l'objet de la croyance : cette croyance peut avoir pour objet une chose ou une personne. Dans le premier cas, elle nous fait adopter des faits sans examen suffisant. « Nous voyons combien les erreurs de cette nature, dit Bacon, en pénétrant dans certaines histoires ecclésiastiques, ont fait de tort à la dignité de ces histoires, qui se sont prêtées trop aisément à recevoir et à transmettre je ne sais quels miracles opérés par les martyrs, les ermites, les anachorètes et autres saints personnages, ainsi que par leurs reliques, leurs sépulcres, leurs chapelles, leurs images, etc. C'est ainsi que nous voyons qu'on fait entrer dans l'histoire naturelle une infinité de prétendus faits, avec bien peu de choix et de jugement, comme il paraît par les écrits de Pline, de Cardan et d'un grand nombre d'Arabes, écrits qui fourmillent de contes et de relations fabuleuses, je ne dis pas seulement incertaines, mais même controuvées et convaincues de faux, et cela au grand déshonneur de la science. Au contraire, c'est par là que brillent la sagesse et l'intégrité d'Aristote qui, en écrivant avec toute l'exactitude et le soin possible une histoire des animaux, y a mêlé si peu de relations fabuleuses. Bien plus, toutes les relations étonnantes qu'il a jugées dignes d'être conservées, il les a rejetées dans un seul petit recueil, pour ne pas les supprimer tout à fait ni les dérober à la connaissance de la postérité.

» Cette crédulité s'applique quelquefois aux caractères de certaines sciences, par exemple, à l'astrologie, à la magie naturelle et à l'alchimie. Les fins que se proposent ces sciences ne sont point à dédaigner. Seulement, les moyens qu'elles ont employés ne sont pas propres à les faire réussir. L'astrologie fait profession de dévoiler l'influence et l'ascendant des choses supérieures sur les inférieures ; la magie naturelle se propose de rappeler la philosophie de la vanité des spéculations à la grandeur des œuvres, et l'alchimie se charge de séparer et d'extraire les parties hétérogènes de la matière, qui se trouvent cachées et combinées dans les corps.

» La crédulité qui s'attache à certains auteurs des sciences, en leur donnant la prérogative de dictateurs, pour statuer, et non la simple autorité de sénateurs, pour conseiller, a fait un tort infini aux sciences. C'est la principale cause de leur décadence et de leur abaissement. C'est là ce qui fait qu'aujourd'hui, manquant de substances, elles ne font que languir et ne prennent plus d'accroissement sensible. Dans les arts mécaniques, les premiers inventeurs ont fait peu de découvertes, mais leurs successeurs, agissant avec liberté et en se multipliant, ont fait le reste. Par exemple, les arts de l'artillerie, de la navigation, de l'imprimerie, d'abord imparfaits, presque informes, onéreux à ceux qui les exerçaient, se sont, dans la suite des temps, perfectionnés et appropriés à nos usages. Au contraire, les philosophies et les sciences d'Aristote, de Platon, de Démocrite, d'Hippocrate, d'Euclide et d'Archimède, qui, chez les inventeurs, étaient saines et vigoureuses, n'ont fait, à la longue, que dégénérer, et n'ont pas peu perdu de leur éclat. La différence de ces destinées vient de ce que, dans les arts mécaniques, un grand nombre d'esprits ont librement concouru au perfectionnement, au lieu que, dans les sciences et la philosophie, un seul esprit a écrasé tous les autres par son poids et son ascendant. Les esprits supérieurs de cette sorte ont été bien plus altérés par leurs sectateurs qu'ils n'ont été enrichis ; car, de même que l'eau ne s'élève jamais au-dessus de la source d'où elle est dérivée, de même aussi la doctrine d'Aristote ne s'élèvera jamais au-dessus de la doctrine de ce même Aristote.

Tout homme qui apprend doit se résoudre à croire, dit-on ; il est bon d'y joindre cette autre règle, que tout homme déjà suffisamment instruit doit user de son propre jugement. Car, ce que les disciples doivent à leurs maîtres, c'est seulement une sorte de foi provisoire, une simple suspension de jugement, jusqu'à ce qu'ils se soient bien pénétrés de l'art qu'ils apprennent ; mais ils ne lui doivent jamais un entier renoncement à leur liberté et une perpétuelle servitude d'esprit. Ainsi, pour terminer ce que nous avons à dire sur cette partie, nous nous contenterons d'ajouter ce qui suit : rendons aux grands maîtres l'hommage qui leur est dû, mais sans déroger à ce qui est dû aussi à l'auteur des auteurs, au père de toute vérité, à Dieu, qui nous éclaire intérieurement quand nous le consultons après les discussions engagées par nos maîtres.

Il est deux erreurs qui ne sont que deux formes du principe de crédulité, c'est l'engouement pour l'antiquité ou pour la nouveauté. Le conseil du prophète est la véritable règle à suivre à l'égard de ces deux penchants de notre esprit. « Tenez-vous d'abord sur les voies antiques, dit-il, puis considérez quel est le chemin le plus droit et le meilleur, et marchez-y (1). » A dire la vérité, l'antiquité des temps est la jeunesse du monde, et, à proprement parler, c'est notre temps qui est pour nous l'antiquité, le monde ayant déjà vieilli jusqu'à nous ; ce n'est pas celui auquel on donne ordinairement ce nom en suivant l'ordre rétrograde, et en comptant depuis notre siècle.

Une autre erreur qui procède de notre vénération pour l'antiquité, c'est une sorte de soupçon et de défiance qui fait qu'on s'imagine qu'il est désormais impossible de découvrir quelque chose de nouveau, et dont le monde ait été si longtemps privé, comme si on pouvait appliquer au temps et à l'espèce humaine la stérilité des vieillards, et comme s'il fallait les atteindre par la loi Papia, portée contre les mariages des vieillards. Il est, sur ce point, une manière de juger qui montre bien la légèreté et l'inconstance des hommes. Tant qu'une chose n'est pas faite, il s'étonne qu'on la regarde comme possible, et, dès qu'elle se trouve faite, il s'étonne qu'elle ne l'ait pas été plus tôt. C'est ainsi que l'expédition d'Alexandre fut d'abord regardée comme une entreprise vaste et difficile, et qu'il a plu ensuite à Tite-Live d'en faire assez peu de cas, pour dire qu'Alexandre n'avait eu d'autre mérite que celui de mépriser un vain épouvantail. » C'est ce qu'éprouva aussi Colomb, par rapport à son voyage aux Indes occidentales. Mais cette variation de jugement a lieu encore plus fréquemment par rapport aux choses intellectuelles. C'est ce dont on voit un exemple dans la plupart des propositions d'Euclide. Avant la démonstration, elles paraissent étranges, et l'on n'y donnerait pas volontiers son consentement; mais la démonstration une fois vue, l'esprit les saisit par une sorte de retrait, suivant l'expression des jurisconsultes, comme s'il les eût connues et comprises depuis longtemps.

(1) Jérémie, c. 6, v. 16.

Une erreur analogue à la précédente est celle de ces gens qui s'imaginent que, de toutes les sectes et les opinions antiques, une fois qu'elles ont été bien disputées et bien épuisées, c'est toujours incontestablement la meilleure qui demeure et qui fait abandonner toutes les autres ; que, si l'on recommençait toutes les recherches, et que l'on soumît tout à un même examen, on ne pourrait que retomber dans quelques-unes des opinions rejetées, et qui, après cette exclusion, s'étaient entièrement effacées de la mémoire des hommes. On ne voit pas que la multitude et les sages eux-mêmes, pour flatter la multitude, donnent plutôt leur approbation à des opinions populaires et superficielles qu'à celles qui ont plus de base et de profondeur ; le temps, semblable à un fleuve, charrie jusqu'à nous les choses légères et enflées, laissant tomber à fond celles qui ont plus de poids et de solidité.

Une erreur différente des précédentes, c'est cette impatience et cette impudence avec laquelle on s'est hâté de former des corps de doctrine, de les réduire en arts et de les ramener à des méthodes. Cette forme, une fois donnée aux résultats des recherches, la science n'avance plus ou n'avance que bien peu. De même que les jeunes gens, une fois que leurs membres et les linéaments de leur corps sont entièrement formés, ne croissent presque plus, de même aussi la science, tant qu'elle est dispersée dans des aphorismes et des observations détachées, peut encore croître et s'élever ; mais, est-elle une fois circonscrite et renfermée dans des cadres méthodiques, on peut bien encore lui donner un certain poli, un certain éclat, mais sa masse ne prend plus d'accroissement.

Une erreur qui succède à celle que nous venons de relever, est que, une fois que les sciences et les arts sont répartis par classes, la plupart des hommes renoncent bientôt, en faveur de cette spécialité, à la connaissance générale des choses et à la philosophie première. Et cependant, quand on veut découvrir au loin dans une direction quelconque de la campagne, c'est sur les tours et autres lieux élevés qu'on se place ordinairement, et il est impossible d'apercevoir les parties les plus reculées et les plus intimes d'une science particulière, tant qu'on reste au niveau de cette même science, et que l'on ne monte pas, pour ainsi dire, sur une science plus élevée, pour la considérer de là comme du haut d'un beffroi. »

Nous venons de rapporter les paroles mêmes de Bacon dans ce paragraphe, et nous ne pouvons nous empêcher de nous arrêter un instant sur son importance. Ce paragraphe, en blâmant ce qui a été fait, prescrit de faire deux choses : embrasser d'abord dans une vue compréhensive l'ensemble des choses de la nature, avant de s'occuper spécialement d'une des parties, et traiter aussi préalablement la philosophie première. On comprend facilement le sens du premier précepte, et l'on doit en reconnaître la grande importance. On ne comprendra le second qu'autant que l'on saura ce que Bacon appelle la philosophie première. On trouve ses idées sur ce point dans le *de Augmentis*, liv. III, au commencement du premier chapitre. (V. notre seconde partie.)

« Il est, continue Bacon, une autre espèce d'erreurs qui découle de cette vénération excessive, de cette sorte d'adoration où l'on est devant l'entendement : sorte de culte dont l'effet est que les hommes abandonnent la contemplation de la nature et l'expérience pour se rouler en quelque manière dans leurs propres méditations, dans les fictions de leur esprit. Au reste, ces merveilleux *conjectureurs*, et, s'il est permis de s'exprimer ainsi, ces *intellectualistes* qui ne laissent pas d'être décorés du titre de sublimes, de devins philosophes, c'est avec raison qu'Héraclite leur a lancé ce trait en passant : « Les hommes cherchent la vérité dans leur petit monde à eux » et non dans le grand. »

» Ils dédaignent cet abécédé de la nature et cet apprentissage dans les œuvres divines. Sans ce mépris, ils auraient peut-être pu, en marchant par degré et pas à pas, apprendre à connaître d'abord les lettres simples, puis les syllabes, enfin s'élever à lire couramment le texte même et le livre entier des créatures. Mais eux, au contraire, dans une perpétuelle agitation d'esprit, ils sollicitent et invoquent, pour ainsi dire, leur génie, afin qu'il prophétise en leur faveur, et qu'il rende des oracles qui les trompent agréablement et les séduisent comme ils le méritent.

» Une autre erreur, fort voisine de la précédente, est que les hommes trop attachés à certaines opinions et à certaines conceptions qui leur sont propres et qu'ils ont principale-

ment en admiration, ou aux arts auxquels ils se sont plus
particulièrement adonnés et comme consacrés, en imbibent et
en infectent leurs théories et leurs doctrines, donnant à tout
la teinte de ces genres dont ils font leurs délices, sorte de
fond qui les trompe en flattant leurs goûts. C'est ainsi que
Platon a mêlé à sa philosophie la théologie, Aristote la logique, la seconde école de Platon (savoir Prochus et les autres)
les mathématiques ; car ces arts-là, ils étaient accoutumés à
les caresser comme leurs enfants bien-aimés, comme leurs pre-
miers-nés. Les chimistes, de leur côté, munis d'un petit nombre d'expériences, nous ont, dans la fumée de leurs four-
neaux, forgé une nouvelle philosophie, et Gilbert lui-même,
notre compatriote, n'en a-t-il pas tiré encore une autre de
ses observations sur l'aimant? C'est ainsi que Cicéron, faisant
la revue des opinions diverses sur la nature de l'âme, tombe
sur certain musicien qui décidait hardiment que l'âme était
une harmonie, et dit plaisamment : « Celui-ci ne s'est pas
» éloigné de son art (1). » C'est sur ce genre d'erreur qu'A-
ristote fait cette remarque si judicieuse et si conforme à ce
que nous disons ici : « Ceux qui voient peu sont fort décisifs. »

» Une autre erreur encore, c'est cette impatience qui, en
rendant incapable de supporter le doute, fait qu'on se hâte
de décider, au lieu de suspendre son jugement, comme il est
nécessaire et aussi longtemps qu'il le faut ; car les deux routes de la contemplation ne diffèrent point des deux routes
de l'action dont les anciens ont tant parlé ; routes dont l'une,
disaient-ils, unie et facile au commencement, devient, sur la
fin, tout à fait impraticable, et l'autre, rude et scabreuse à
l'entrée, est, pour peu qu'on y pénètre, tout à fait libre et
aplanie. C'est ainsi que dans la contemplation, si l'on veut
commencer par la certitude, on finira par le doute, au lieu
que si, commençant par le doute, on a la patience de l'endurer quelque temps, on finira par la certitude.

» Une erreur toute semblable se montre dans la manière
de transmettre les sciences, manière qui, le plus souvent, au
lieu d'être franche et aisée, est impérieuse et magistrale, plus
faite enfin pour commander la foi que pour se soumettre elle-

(1) Cic., *Tuscul.*, I, c. 10.

même à l'examen. Je ne disconviendrai pas que dans les traités sommaires et consacrés à la pratique, on ne puisse retenir
cette forme de style ; mais dans des traités complets sur les
sciences, mon sentiment est qu'il faut éviter également les
deux extrêmes, savoir : celui de l'épicurien Velléius « qui
» ne craignait rien tant que de paraître douter de quelque
» chose (1), » ainsi que celui de Socrate et de l'Académie, qui
laissaient tout dans le doute. Il vaut mieux ne se piquer que
d'une certaine candeur et exposer les choses avec plus ou
moins d'assurance, selon que, par le poids des raisons mêmes,
elles sont plus ou moins fortement prouvées.

» Il est d'autres erreurs qui se rapportent aux différents
buts que les hommes se proposent ; car les plus ardents cory-
phées des lettres doivent avoir pour principal but d'ajouter
quelque découverte importante à l'art qu'ils professent. Ceux
dont nous parlons ici, contents du second rôle, ne briguent
que la réputation de subtil interprète, d'antagoniste véhément
ou nerveux ou d'abréviateur méthodique ; conduite dont
l'effet est tout au plus d'augmenter les revenus et le produit
des sciences, sans que le patrimoine et le fonds prennent
d'accroissement.

» Mais de toutes les erreurs, la plus grande, c'est cette dé-
viation par laquelle on s'éloigne de la fin dernière des sciences ; car les hommes qui ambitionnent la science sont déterminés par différents motifs. Chez les uns, c'est une certaine
curiosité native et inquiète ; les autres n'y cherchent qu'un
passe-temps et qu'un amusement ; d'autres veulent se faire,
par ce moyen, une certaine réputation ; d'autres encore, ne
voulant que s'escrimer, y voient un moyen pour avoir toujours l'avantage dans la dispute ; la plupart n'ont en vue que
le lucre et n'y voient qu'un moyen pour gagner leur vie. Il en
est peu qui pensent à employer pour sa véritable fin la raison
dont les a doués la Divinité pour l'utilité du genre humain.
Voilà leurs différents motifs, sans doute, comme s'il ne s'agis-
sait, en acquérant la science, que d'y trouver ou un lit de
repos pour assoupir leur génie bouillant et inquiet, ou encore,
un portique ou l'on pût se promener librement et errer au

_____
(1) Cic., *Nature des dieux*, I, c. 8.

gré de ses désirs, ou une tour élevée d'où l'âme ambitieuse et
superbe pût abaisser des regards dédaigneux, ou même une
citadelle, un fort pour combattre, sans risque, tout ce qui se
présente, ou enfin, une boutique destinée au gain et au com-
merce, et non un arsenal bien fourni, un riche trésor consacré à la gloire de l'auteur de toutes choses et à l'adoucissement
de la condition humaine; car, s'il existait un moyen de mettre
la science en honneur et de l'élever dans l'opinion des hommes,
ce serait sans contredit d'unir, par un lien plus étroit qu'on ne
l'a fait jusqu'ici, la contemplation et l'action ; genre de con-
jonction qui serait tout à fait semblable à celle qui a lieu entre les deux planètes supérieures lorsque Saturne, qui préside
au repos et à la contemplation, se rencontre avec Jupiter qui
préside à la pratique et à l'action. Cependant, par ce que je dis
ici de la pratique et de l'action, je n'entends nullement cette
doctrine dont on fait une sorte de métier lucratif; car je n'i-
gnore pas combien cela même nuit au progrès et à l'accroissement de la science. Il en est d'un but de cette espèce comme
de la pomme d'or jetée devant les yeux d'Atalante ; car, tandis
qu'elle se baisse pour la ramasser, elle cesse de courir, et,
comme dit le poëte :

Declinat cursus, aurumque volubile tollit (1).

» Mon dessein n'est pas non plus d'imiter Socrate : « En
» évoquant du ciel la philosophie et la forçant à demeurer
» sur la terre (2) ; » je veux dire d'exclure la physique pour ne
mettre en honneur que la morale et la politique. Mais de
même que le ciel et la terre conspirent et sont si parfaitement
d'accord pour conserver la vie des hommes et augmenter leur
bien-être, la fin de cette double philosophie doit être, en re-
jetant les vaines spéculations et tout ce qui se présente de fri-
vole et de stérile, de ne penser qu'à conserver tout ce qui se
trouve de solide et de fructueux ; par ce moyen, la science ne
sera plus une sorte de courtisane, instrument de volupté, ni

(1) Elle se détourne de son chemin pour enlever cet or qui roule devant elle. (Ovid., *Métam.*, X, v. 667.)
(2) Cic., *Tusc.*, V, c. 4.

une espèce de servante, instrument de gain, mais une sorte d'épouse légitime, destinée à donner des enfants, à procurer des avantages réels et des plaisirs honnêtes.

TROISIÈME ESSAI D'EXPOSITION.

Novum Organum.— Par l'analyse que nous avons donnée de deux morceaux de l'œuvre de Bacon, nos lecteurs le connaissent déjà comme critique et même comme réformateur. Ils le connaîtront mieux encore en l'étudiant dans le *Novum Organum*, où il se produit et se développe avec plus d'assurance. C'est là que nous avons maintenant à le considérer ; mais dans cet ouvrage tout est à citer pour le but que nous nous proposons. Cependant nous ne pouvons reproduire cet ouvrage en entier, après les nombreuses citations que nous avons faites de ses premiers écrits. Heureusement le *Novum Organum*, traduit et séparé des autres écrits de Bacon, a été publié par un de nos collègues (M. Lorquet). Nous y renvoyons ceux de nos lecteurs qui ne pourront se procurer la belle édition complète de M. Bouillet, nous contentant de présenter une analyse de l'ouvrage, empruntée, en très-grande partie, à ce dernier, laquelle pourra servir de guide à ceux qui voudront lire les textes dont nous indiquerons sommairement les idées.

L'ouvrage entier, devant remplir l'objet de la deuxième partie de la rénovation générale, a pour but d'exposer la méthode nouvelle, le nouvel instrument, *novum organum*, avec lequel on pourra reconstruire tout l'édifice des connaissances humaines.

Les trente-sept premiers aphorismes sont employés à exposer l'objet du livre entier, et l'auteur est tellement d'accord avec lui-même, que, pour les énoncer, il emploie les phrases que nous avons déjà vues dans la préface de l'*Instauratio magna*, qui est placée en tête du *de Augmentis*. En voici l'indication :

L'homme ne sait et ne peut qu'autant qu'il découvre l'ordre de la nature, soit par l'observation des faits, soit par les inductions qu'il en tire (1-4). Nos sciences actuelles sont incapables d'accroître notre puissance, et la logique, qui ne procède que par syllogismes, n'est pas moins incapable

d'accroître notre science (5-14). — Il n'y a rien de solide, ni
dans les idées que l'on se fait des choses, ni dans les principes
sur lesquels on s'appuie. On n'a que des idées abstraites et
vides; on saute trop vite des faits particuliers aux principes
les plus généraux (15-25).— De cette manière on n'a que des
notions anticipées de la nature *(anticipationes naturæ)*. Pour
arriver à une vraie connaissance de la nature *(interpretatio
naturæ)*, il faut faire abnégation de ces notions, et recommencer sur de nouveaux fondements l'édifice des sciences tout
entier : « *Instauratio facienda ab imis fondamentis* (26-36). »
— Cette doctrine, que l'on pourrait confondre avec le scepticisme, en diffère essentiellement, puisque, tout en proclamant
la vanité de la science vulgaire, elle reconnaît que, à la faveur
d'une bonne méthode, on peut arriver à la certitude (37).

Outre les prolégomènes, l'ouvrage contient trois parties :
l'une est critique et tend à ruiner les sciences qui existaient,
pars destruens; l'autre a pour but de disposer les esprits à
bien accueillir la nouvelle méthode et à prévenir les mauvaises idées qu'on pourrait s'en former, *pars præparans;* la troisième partie est spécialement consacrée à l'exposition de la
méthode nouvelle qui servira à fonder la véritable philosophie,
pars informans.

Partie destructive. — Cette partie a pour objet de déblayer,
pour ainsi dire, le sol et de le préparer à recevoir le nouvel
édifice. Pour cela Bacon signale et combat toutes les causes
qui pourraient s'opposer aux progrès des sciences. Or ces
causes sont les erreurs de toute espèce, qui, semblables à des
fantômes ou à de vains simulacres de la vérité, viennent sans
cesse faire illusion à l'esprit : l'auteur les nomme *idoles* (εἴδωλον,
simulacrum).

Ces idoles ou erreurs sont de quatre sortes : ce sont ou des
images empreintes dans tous les esprits, des erreurs communes à toute l'espèce *(idola tribus)*, ou des images défigurées
qui résultent en quelque sorte de la structure de la caverne
qu'habite chaque individu, des erreurs individuelles *(idola
specus)*, ou des erreurs dues aux communications que les
hommes ont entre eux sur la place publique, c'est-à-dire, des
erreurs nées de l'emploi du langage *(idola fori)*, ou enfin des
erreurs dues à l'enseignement des écoles : l'auteur nomme ces

dernières *idola theatri*, parce que les divers systèmes sont comme autant de pièces de théâtre que viennent jouer successivement les inventeurs des systèmes de philosophie (38-44).

L'auteur donne des exemples et des détails sur chacune des trois premières espèces d'erreurs, dans les aphorismes 45-61. Nous nous contenterons de le suivre dans ce qu'il dit des erreurs des écoles (*idola theatri*), qui forment la quatrième espèce. Elles sont de deux sortes : les unes provenant des *fausses doctrines philosophiques;* les autres, des *fausses mé_thodes : « Ex fabulis theoriarum et perversis legibus demonstrationum (*61). »

L'auteur ne se propose pas de combattre chaque système et chaque méthode par le raisonnement, et d'en triompher par la discussion. Il ne peut discuter avec ceux qui les défendent, n'étant d'accord avec eux ni sur les principes, ni sur les méthodes de démonstrations. Il prendra un autre moyen; il montrera les principales espèces de philosophies sous leurs véritables traits; il notera quelques signes ou symboles auxquels on peut reconnaître leur insuffisance, et il signalera les causes qui devaient les rendre inaptes aux progrès. Il sait qu'on est engoué de ces systèmes et de ces méthodes, mais l'existence des signes du mal disposent l'esprit à reconnaître son existence, et l'indication des causes qui produisent le mal devra faire croire à la possibilité du mal quand les causes sont présentes.

Critique des philosophies. — Bacon désigne comme vicieuses la philosophie rationaliste ou sophistique, la philosophie empirique, la philosophie superstitieuse.

Plus tard, il y joint la philosophie que, dans le *de Augmentis*, il a appelée *intellectualiste;* il ne nomme pas expressément la philosophie du point de vue exclusif d'une seule science ou d'un seul art, dont il avait parlé dans le *de Augmentis.* Voici comment il définit ces philosophies vicieuses :

« Généralement parlant, quand il s'agit de rassembler des matériaux pour la philosophie où il y a peu à prendre, on prend beaucoup, et où il y aurait beaucoup à prendre, si l'on voulait, on prend fort peu, en sorte que d'un côté comme de l'autre, le fond d'expérience et d'histoire naturelle, sur lequel on veut asseoir la philosophie, forme une base trop étroite.

Les philosophes rationalistes se contentent de diverses expériences les plus vulgaires, qu'ils ne constatent point avec scrupule, puis ils arrangent le reste avec leur imagination et les produits de leur entendement.

» Il est une autre espèce de philosophes qui, n'embrassant qu'un sujet très-limité et s'attachant à un petit nombre d'expériences, n'y ont à la vérité épargné ni temps ni soins ; mais le mal est qu'ensuite ils ont osé entreprendre de former avec ce peu de matériaux des théories complètes, et figuré un corps entier de philosophies, tordant tout le reste avec un art merveilleux, et le ramenant à ce peu qu'ils savaient.

» Il en est une troisième espèce qui introduit dans la philosophie la théologie et les traditions au nom de la foi et de l'autorité; quelques-uns parmi eux ont poussé la folie jusqu'à demander la science aux invocations des esprits et des génies (62). »

L'auteur cite Aristote pour exemple de philosophie sophistique. Il a sophistiqué, dit-il, sa philosophie naturelle par sa dialectique; on l'a vu bâtir un monde avec ses catégories et expliquer l'origine de l'âme humaine, cette substance de si noble extraction, par les mots de seconde intention. Comme exemple de philosophie empirique, il indique celle des chimistes, et en particulier de Gilbert, son contemporain (64).

Les philosophies de Pythagore et de Platon sont pour lui des exemples de philosophie superstitieuse (65).

Il donne ensuite des détails sur les philosophies intellectualistes et sceptiques, n'oubliant pas celle qui remonte à de prétendus premiers principes qui sont inintelligibles et dont la connaissance, dans tous les cas, nous est inutile (66-67).

En blâmant les philosophies vicieuses, il n'oublie pas d'indiquer quelle est la bonne philosophie à ses yeux. A la philosophie d'Aristote, il oppose celle qui existait chez les Grecs avant que Platon et Aristote leur eussent appris à être subtils. Les *homéoméries* d'Anaxagore, dit-il, les *atomes* de Leucippe et de Démocrite, le *ciel et la terre* de Parménide, la *haine* et l'*amitié* d'Empédocle, la *résolution des corps dans l'élément indifférent du feu, et leur retour à l'état de densité*, d'Héraclite, sentent leur philosophie naturelle, et ont un certain goût d'expérience et de réalité (63).

Après avoir blâmé la recherche de principes trop subtils et insaisissables, il dit : « Les médecins s'appliquent avec bien plus de fruit aux qualités secondes des choses et aux opérations dérivées, comme *attirer, repousser, dilater, resserrer, résoudre, hâter,* et autres semblables, etc. (66).

Critique des méthodes.—La considération des méthodes est de la plus grande importance, car autant vaut la méthode, autant vaut la philosophie. Les méthodes en usage sont vicieuses de tout point, soit par la confiance aveugle que l'on accorde aux sens, soit par la manière dont on s'élève aux idées abstraites et aux principes généraux, soit surtout par l'abus que l'on fait de la forme syllogistique, avec laquelle on veut tout déduire d'un petit nombre de principes arbitraires (69). D'ailleurs, on ne sait pas bien faire les expériences, et, en les faisant, on songe moins à chercher la vérité pour elle-même qu'à en tirer quelque profit immédiat (70). Plus tard, Bacon fais d'autres reproches aux méthodes suivies de son temps, et fait connaître d'une manière générale quelle est la méthode qu'il faut suivre. Toujours il se montre à la fois critique et réformateur. Nous reviendrons tout à l'heure sur ce sujet.

Signes des vices de la philosophie régnante. — Ces signes se tirent de la considération du peuple chez lequel sont nées les sciences que l'on possède : leurs premiers auteurs sont les Grecs, hommes frivoles et disputeurs (71);—de l'époque à laquelle elles se sont constituées, époque d'enfance où l'on ne pouvait presque rien savoir encore (72); — du peu de fruit qu'elles ont porté, la plupart des découvertes étant dues au hasard et non à la science (73); — du peu de progrès qu'elles ont fait depuis tant de siècles (74); — de l'aveu des auteurs même qui reconnaissent la vanité de leur savoir, quoique, par orgueil, ils rejettent leur ignorance sur l'obscurité de la nature et sur la faiblesse de l'intelligence humaine (75); — des dissentiments des écoles opposées sur tous les points (76), dissentiments qui n'ont cessé qu'en apparence depuis le triomphe de la philosophie d'Aristote (77).

Causes du peu de progrès des sciences jusqu'au temps de Bacon. — L'auteur se propose de faire comprendre *à priori* que les sciences n'ont pas dû prospérer dans l'état de choses qui a existé jusqu'à lui. Or, voici les faits qui, selon lui, rendaient inévitable ce défaut de progrès. Sans doute, les erreurs universelles et permanentes, désignées dans la classe *idola tribus*, peuvent y contribuer; mais, comme ces causes se trouvent chez tous les hommes, dans tous les temps et dans tous les lieux, elles ne sont comptées dans aucun événement particulier. Les causes qu'indiquera Bacon pour expliquer ce fait particulier, devront donc être particulières aux temps et accidentelles. C'est précisément ce qui a lieu.

Suivant Bacon, les causes de cet état stationnaire ou de l'abaissement des sciences, sont :

Le petit nombre des siècles pendant lesquels les sciences ont été cultivées, soit chez les Grecs, soit chez les Romains, soit au moyen âge (78), et, dans cette courte période, le peu de temps que l'on a consacré à la *philosophie naturelle*, les Grecs et les Romains ne s'étant guère occupés que de morale ou de politique, et les modernes de théologie (79); — Le petit nombre des hommes qui se sont appliqués à cette étude, tout entiers et pour elle-même; la plupart ne s'en occupant qu'accessoirement, ou ne la considérant que comme l'humble servante des autres sciences, tandis qu'elle en doit être la mère (80);—L'ignorance du but véritable de la science, qui doit être de doter le genre humain d'inventions utiles, et non de faire quelque profit ou de bâtir des systèmes (81); — L'emploi des mauvaises méthodes, la plupart des hommes voulant tout tirer, soit de leur cerveau par la méditation, soit des principes généraux par la dialectique, au lieu de consulter l'expérience et l'induction (82); — Le dédain universel pour les observations de détail (83); — Le respect aveugle pour les temps anciens, que l'on regarde comme la vieillesse du monde, tandis qu'ils n'en sont réellement que l'enfance (84); — La fausse opinion que les hommes se font de leurs richesses, quand ils contemplent les inventions que possède le genre humain, les bibliothèques, les découvertes dont se vantent l'alchimie, la magie, etc., tandis que tout cela, bien apprécié, ne prouve que notre pauvreté (85); — L'artifice des philosophes, qui exposent leurs opinions sous la forme d'un corps de doctrine arrêté, au lieu de les présenter sous une forme

plus modeste et par aphorismes ou pensées détachées (86) ;—
Le charlatanisme des novateurs, qui, en faisant mille promes-
ses qu'ils ne pouvaient tenir, ont perdu tout crédit et n'ont
fait qu'augmenter la confiance dans l'antiquité (87) ; — La
pusillanimité des hommes, dont les uns ont posé des limites
arbitraires à la puissance de l'art, dont les autres ne se sont
proposé, dans leurs recherches, que les objets les plus mes-
quins, au lieu d'embrasser l'ensemble de la nature (88); —
L'hostilité qui a régné de tout temps entre la philosophie et la
religion, certains théologiens craignant que l'on ne découvrît
quelque chose de contraire à leurs dogmes, tandis que la
religion et la philosophie, bien comprises, doivent toujours
s'accorder, puisque la première nous instruit de la volonté
de Dieu, et la seconde, de sa puissance (90) ; — L'organisation
actuelle des écoles et de tous les établissements d'instruction
publique, qui ne sont propres qu'à empêcher les progrès de
la science, au lieu de les favoriser (90) ; — Le défaut de ré-
compenses convenables (91) ; — Enfin, le désespoir d'atteindre la vérité, désespoir fondé sur les raisons les plus frivoles (92).

. Précédemment, Bacon a montré que tous les signes d'une
philosophie vicieuse se font remarquer dans la philosophie
régnante ; maintenant, il nous apprend que toutes les causes
de pauvreté pour une science agissent sur cette philosophie.
Comment ne pas penser que la philosophie régnante est déci-
dément mauvaise? L'auteur n'a point eu recours à la discussion proprement dite ; il n'a examiné aucun des principes de
cette philosophie en lui-même (il ne le pouvait dans sa position) ; il n'a considéré la philosophie qu'extérieurement, dans
les signes de sa valeur, dans les causes qui l'ont produite,
en un mot, dans ses symptômes extérieurs. Tout cela c'est de
la description, de la narration, ce n'est pas de la discussion,
ce ne sont pas des assertions portées sur le fond de la philosophie. Cette philosophie est-elle néanmoins à ce moment
décréditée et ruinée dans l'esprit du lecteur? Cela nous paraît
tout à fait évident. Or, c'est le but que Bacon voulait atteindre.

Mais nous avons à prouver que Bacon, en même temps
qu'il est un critique profond, est un réformateur sensé ; il nous

donne les moyens de le glorifier sous ce rapport. En effet, il nous a déjà fait voir quelle nature de philosophie il entend maintenir contre les sophismes d'Aristote et de Platon. Il lui reste à nous faire entrevoir d'une manière générale quelle méthode il entend substituer à la méthode ancienne. Cette méthode a été déjà indiquée plus ou moins sommairement dans les passages que nous avons analysés, soit de la préface de l'*Instauratio magna*, soit du commencement du *Novum Organum*. Il revient sur cette méthode à l'occasion des motifs d'espoir qu'il énumère pour relever de leur abattement les esprits qui n'entrevoyaient plus de remède possible à leurs maux, et qui, par là, en perpétuaient la durée. Tout insuccès qui est venu d'un défaut de méthode, est un motif d'espérer le succès, quand on évitera les défauts dans la méthode qui ont amené l'insuccès.

Or, 1° un premier défaut, c'est que tous ceux qui ont cultivé les sciences ont employé exclusivement, ou l'expérience ou le raisonnement, au lieu de les unir et de les marier habilement (95);

2° La philosophie naturelle a été corrompue jusqu'ici par l'esprit systématique (96);

3° Personne n'a eu assez de courage pour renoncer à toutes les fausses notions, à toutes les vaines théories, pour faire table rase et s'appliquer à l'étude de la nature même (97);

4° Nous n'avons pas d'histoire naturelle qui soit dressée pour préparer le travail de l'induction et servir de base à la philosophie : on se borne à recueillir des faits vulgaires qui se présentent à tous les yeux, au lieu d'interroger et de tourmenter la nature par des expériences (98);

5° Les opérations que l'on exécute dans les arts mécaniques ne tendent qu'à l'utilité matérielle : on ne songe qu'aux expériences lucratives et non aux expériences instructives (99);

6° On expérimente au hasard et en aveugle (100);

7° On n'a pas soin de consigner par écrit toutes les observations et toutes les expériences, afin de les coordonner et de les méditer à loisir : on ignore les avantages de l'expérience lettrée (101-102).

En même temps que Bacon expose ainsi les vices de la méthode vulgaire, il décrit celle qu'il faut y substituer. D'abord, au lieu de s'appuyer sur des notions sans objet réel, c'est-à-dire, sur le vide en fait de réalité, comme Bacon reproche à tous les philosophes de l'avoir fait plus ou moins complétement, il faut évidemment recueillir les faits indiqués par le sujet, et les ranger suivant les tables prescrites. Mais, quand on aura recueilli et disposé convenablement les faits, il ne faudra pas passer sur-le-champ aux opérations de l'art ou de la pratique, ou du moins ne pas y reposer l'esprit ; il faut tendre à la découverte des causes élevées et générales, qui permettront de faire de nombreuses applications. Ce n'est qu'après s'être élevé à la connaissance des causes les plus générales que l'on peut descendre à la pratique et aux applications ; c'est cette marche que l'auteur appelle dans les sciences *la double échelle, ascendante et descendante* (103).

On ne doit pas non plus sauter tout d'un coup aux causes les plus élevées et aux vérités les plus générales avec lesquelles on prétende ensuite tout prouver d'autorité comme on le fait dans la méthode syllogistique; mais on doit s'élever graduellement et comme par échelons, car l'esprit humain a besoin qu'on lui attache du plomb plutôt que des ailes (104).

La méthode qu'il faut employer pour cela est la recherche des causes par voie d'exclusions successives et se terminant par une affirmation qui résulte nécessairement des exclusions précédentes : c'est ce qu'il appelle l'*induction* (105).

Quand on croit avoir trouvé une cause véritable, et qu'on se croit en droit d'établir une proposition générale, il faut soumettre cette théorie au contrôle, il faut voir si cette généralité ne dépasse pas les faits particuliers d'où on l'a tirée : si elle les dépasse, il faut examiner si la vérité en est confirmée par de nouveaux faits qui lui servent de caution (106).

Enfin, il ne faut jamais séparer, comme on le fait, les sciences particulières de la philosophie naturelle, qui est leur mère commune, et sans laquelle elles ne peuvent vivre (107).

Relativement à ce premier rang assigné à la philosophie de la nature parmi toutes les autres sciences, il est difficile de laisser passer cette opinion sans quelques observations. Il semblerait, en effet, que toutes les sciences ne seraient que des développements de la philosophie naturelle ou de la physique, et que les êtres spirituels, objets des sciences morales, dussent se ramener à la matière, objet de la physique. Nous ne pensons pas que ce soit là le sens que Bacon ait attaché à ses propositions. Chez lui, le sens de philosophie naturelle n'est ni bien précis ni bien constant. Il entend par là bien souvent la science de la nature morale comme de la nature physique, et l'histoire de l'une et de l'autre nature. Il donne également le titre de *magna mater*, de *mater communis* à trois choses : à la science de la nature physique, à la philosophie première, composée principalement des axiomes, et à l'histoire naturelle ou recueil des faits pris dans leur complexité naturelle, et présentés de la manière la plus convenable à en faire découvrir les causes. Il est évident que cette expression ne peut être employée par lui ainsi dans un sens rigoureux, car une science ne peut pas avoir en même temps trois mères du même degré. Si nous cherchons à découvrir le sens où est employée cette expression dans chacun des trois cas, nous croyons pouvoir les déterminer comme il suit :

La science de la nature physique est la mère des autres sciences, en ce sens seulement qu'elle renferme des connaissances qui précèdent les autres dans notre esprit, comme connaissances distinctes et scientifiques, et dans ce sens que la matière se présente toujours en ce monde comme le siége des agents immatériels, et que, en conséquence, il y a nécessité peut-être de commencer l'étude des êtres réels par les choses purement physiques, attendu qu'elles sont les plus faciles à connaître, et que la connaissance que nous en acquérons est l'introduction nécessaire à la connaissance des choses immatérielles.

On peut dire que la science des axiomes est la mère de toutes les autres sciences, en ce sens qu'ils sont des conditions indispensables de toute science, bien que par eux-mêmes ils soient tout à fait stériles, et que, le plus souvent, ils dirigent les opérations de notre esprit, sans que nous les remarquions, sans même que nous les connaissions.

Quant à la connaissance des objets concrets et des faits complexes dans leur état naturel, connaissance qui forme l'histoire naturelle, on peut dire que cette science est seule féconde, et nous fait arriver à la connaissance des choses inobservables, par des inductions de diverses espèces. Ces faits nous manifestent vraiment la nature, soit la nature physique, soit la nature morale. Aussi Bacon, à la tête des sciences qui ont l'homme pour objet, avant l'étude des deux substances qui composent l'homme par leur union, place-t-il l'étude générale de l'homme, considéré dans son état actuel, présentant des phénomènes qui tiennent tout à la fois du corps et de l'âme. Cette étude, qui est une histoire naturelle, doit précéder l'étude de l'âme et l'étude du corps, considérés séparément. C'est aussi l'ensemble des objets concrets et des faits complexes dans leur état naturel, qui doit former le premier objet de nos études sur l'univers; c'est le tableau de ces objets et de ces faits qui doit composer la science première dans l'ensemble des sciences humaines.

C'est ainsi que Bacon paraît l'entendre, du moins dans la pratique.

Quand il distingue trois étages dans le savoir humain, c'est l'histoire de la nature physique qui forme le premier étage pour la science de la nature physique, dit-il; ce qui signifie que, pour la science de la nature humaine, c'est l'histoire des faits de la nature humaine qui doit précéder les deux autres degrés du savoir.

Au fond, Bacon ne tient sur ce point qu'à une chose, c'est que l'étude commence par les objets concrets et par les faits complexes pris dans leur état naturel. C'est le sens de l'aphorisme 80.

« ...... On se flatterait en vain, dit-il, de faire dans les sciences en général, et surtout dans leur partie pratique, des progrès sensibles, tant que la philosophie naturelle ne sera pas appliquée aux sciences particulières, et que les sciences particulières à leur tour ne seront pas ramenées à la philosophie naturelle..... C'était cette science seule qui, en puisant aux vraies sources, savoir, dans l'exacte observation des mouvements célestes, de la marche des rayons lumineux et des sons, dans l'étude de la texture et du mécanisme des corps, dans celles des *affections de l'âme* et des *perceptions de l'entendement*; c'était elle seule, dis-je, qui pouvait leur donner de la vigueur et des développements..... »

Le mot de *philosophie naturelle* semble bien désigner ici

l'histoire des faits de la nature physique et de la nature humaine.

Pour savoir, au reste, combien Bacon était éloigné d'être matérialiste, il suffit de lire quelques fragments de ses ouvrages.

Voici ce qu'il dit en parlant de l'âme humaine dans le *de Augmentis* :

« Passons à la doctrine de l'âme humaine ; de ses trésors sont tirées les autres sciences. Elle a deux parties : l'une traite de l'âme rationnelle, qui est divine ; l'autre, de l'âme irrationnelle, qui nous est commune avec les brutes.... L'une tire son origine du souffle divin, et l'autre, des matrices des éléments ; car tel est le langage de l'Ecriture, lorsqu'elle parle de la génération primitive de l'âme rationnelle : il forma l'homme du limon de la terre, et souffla sur sa face un souffle de vie..... Nous n'emprunterions pas cette division à la théologie, si une telle distribution n'était aussi d'accord avec les principes de la philosophie. En effet, l'âme humaine a une infinité de caractères de supériorité qui la distingue de l'âme des brutes, caractères sensibles même pour ceux qui ne philosophent que d'après les sens. Or, partout où se trouvent des caractères si marqués d'excellence et en si grand nombre, la règle est d'y rétablir une différence vraiment spécifique. Ainsi nous ne goûtons pas la manière confuse et indistincte dont les philosophes ont traité des fonctions de l'âme. Il semble, à les entendre, qu'il n'y ait entre l'âme humaine et celle des brutes que la simple différence du plus au moins, et non une différence vraiment spécifique, à peu près comme entre le soleil et les autres astres, l'or et les autres métaux. »

Croyance à la perfectibilité humaine. — La foi que Bacon place dans la perfectibilité humaine n'est pas une foi *à priori*, déduite de l'idée de Dieu ; elle est fondée sur des faits constatés dont elle est une induction contingente. Nous trouvons ces faits dans le *Novum Organum*. Ce sont les motifs sur lesquels il fonde l'espoir du succès de la rénovation qu'il a entreprise. Or, voici ces motifs sommairement indiqués :

• Si le hasard a déjà fait faire tant de découvertes utiles, que ne doit-on pas espérer de recherches méthodiques (Aph. 108)? D'ailleurs, si plusieurs des inventions très-précieuses, la poudre à canon, la soie, la boussole, sont telles qu'avant l'événement rien n'aurait pu les faire deviner (Aph. 109); si, parmi les inventions connues, quelques-unes, comme l'imprimerie, sont si simples, que l'on s'étonne que les hommes aient été si longtemps à les faire (Aph. 110), combien ne peut-il pas rester à faire de découvertes aussi faciles et aussi peu soupçonnées? Enfin, combien de découvertes ne ferait-on pas, si on consacrait à l'étude de la nature la moindre partie du temps que l'on a toujours sacrifiée pour des études frivoles? (Aph. 111 et 112.) »

Bacon termine l'énumération de ces motifs par ces mots :

« Il y a donc tout lieu d'espérer que la nature nous cache encore une foule de secrets d'un excellent usage, qui n'ont aucune parenté, aucune similitude avec ceux qu'elle nous a dévoilés et qui sont en dehors de tous les sentiers battus de notre imagination, qui, cependant, n'ont pas encore été découverts, mais qui sans aucun doute se révéleront quelque jour d'eux-mêmes à travers le long circuit des âges, comme se sont révélés les premiers; mais que l'on peut saisir promptement, immédiatement et tous ensemble, par la méthode que nous proposons maintenant. »

Bacon ne semble-t-il pas annoncer ici l'invention des bateaux à vapeur, des chemins de fer et de la télégraphie électrique qui améliorent de beaucoup le sort des générations actuelles?

Sentiments religieux de Bacon. — En lisant les méditations religieuses de François Bacon et ses admirables prières; en voyant le respect profond avec lequel il parle en toute occasion de la religion, et la large part qu'il fait à la foi dans les lumières qui éclairent le genre humain, on ne peut nier le caractère profondément religieux de ce réformateur plein de foi dans la perfectibilité humaine. Mais ses croyances religieuses se concilient avec sa foi à la perfectibilité humaine en ce monde. Les hommes religieux, lors même qu'ils se placent à un point de vue élevé, se rangent en deux classes : d'une part sont ceux qui, voyant le monde chargé du mal physique et du mal moral, désespèrent de l'affranchir de sa double chaîne et s'élancent sous d'autres cieux vers un meilleur avenir. De l'autre part sont ceux qui, pleins de la foi à un avenir

plus heureux en ce monde pour l'espèce humaine, se mettent
courageusement à l'œuvre pour en préparer et en accélérer
l'avénement. François Bacon est dans cette dernière classe. Le
mobile qui l'anime et le pousse, la puissance secrète qui
donne des ailes à son génie, c'est un immense désir « d'augmenter, par la puissance intellectuelle, le pouvoir du genre
humain sur le monde, » en d'autres termes, de rendre l'homme à la souveraineté de la nature (*Interprétation de la nature*) ;
de reculer les bornes de la puissance humaine dans l'accomplissement de tout ce qui est possible. (*Nouvelle Atlantide*.)

Cette doctrine est celle d'un homme qui assigne pour destinée à l'espèce humaine, la tâche de triompher sur cette terre,
par l'intelligence et la vertu, de sa faiblesse originelle ou de
la faiblesse encourue par la chute primitive du genre humain
ou de son premier père.

Nous ne parlerons point des autres passages si nombreux
et des autres ouvrages qui montrent d'une manière si éclatante
les sentiments religieux de Bacon et ses doctrines si chrétiennes ; cette matière serait trop abondante.

RÉSUMÉ.

Nous avons passé en revue trois fractions de l'œuvre de
Bacon pour connaître quel est l'esprit de Bacon en philosophie. Nous savons désormais à quoi nous en tenir sur ce point.
Dans les trois moments de sa carrière où nous l'avons étudié,
nous l'avons trouvé nettement caractérisé et toujours de la
même manière. Nous pourrions continuer nos recherches et
porter notre examen sur d'autres ouvrages, tels que le *Cogitata
et visa*, la *Critique des philosophies régnantes*, sur le *Delineatio*,
ou *Esquisse du Novum Organum*, etc. Si nous le faisions, nous
n'aurions à constater que des changements de division dans
la matière, des variétés d'expression, quelques développements nouveaux peut-être ; mais nous n'y découvririons aucun
principe nouveau, aucune idée fondamentale différente de
celles que nous avons consignées. Il n'y aurait donc aucun
intérêt, pour la connaissance de l'esprit général de Bacon en
philosophie, à multiplier le nombre de nos analyses.

De ce que nous avons vu il résulte que, non-seulement Bacon est un esprit indépendant, mais que ses critiques sont souvent radicales ; que de plus il est réformateur, que son génie est essentiellement pratique, qu'il est soutenu dans ses actes par une vive foi dans la perfectibilité humaine et animé d'un profond sentiment religieux, mais que, dans son ardeur pour les réformes, il reste toujours dans les voies du bon sens et de la raison, et que par conséquent il admet comme moyens légitimes de connaître les sens, le sens intime et la faculté de la raison, ainsi que le témoignage de nos semblables et l'autorité de la révélation.

Il suit donc de ses propres principes que la psychologie, la morale, la logique, l'esthétique, ont bien une première partie qui consiste dans l'étude des faits, mais qu'aucune d'elles n'est comprise dans ce que nous appelons aujourd'hui la physique, attendu que l'objet d'aucune de ces sciences n'est du ressort des sens, et qu'il est au contraire du ressort du sens intime et de la raison.

Tel est l'esprit général de Bacon en philosophie. Voyons ce que devient cet esprit en recevant les modifications de la méthode.

SECONDE PARTIE.

—

MÉTHODE PHILOSOPHIQUE DE BACON.

La méthode philosophique est pour nous l'ensemble des réponses faites aux questions principales que donne lieu de poser le travail de la science générale ayant l'univers pour objet.

Elle est pour chaque auteur une dérivation du caractère de son esprit en philosophie ; mais elle ne se rattache proprement qu'à l'une de ses deux grandes fonctions. L'esprit d'un auteur en philosophie a deux faces : de l'une il regarde les actes d'autrui ; de l'autre, il cherche comment il donnera le jour à ses propres productions. Il exerce deux fonctions : il contemple et produit, il critique ou adhère, il crée ou imite. Sans doute la méthode philosophique profite des jugements qui ont été portés sur les actes et les travaux d'autrui ; mais elle ne se lie proprement qu'à la seconde fonction, celle qui produit ; et même, en prenant part à cette seconde fonction, son action se distingue de celle de l'esprit en ce qu'elle entre dans des détails d'exécution que l'on ne rapporte pas ordinairement à l'esprit général d'un auteur.

Cependant ces détails ont leur importance.

En effet, pour bien connaître un philosophe, ce n'est pas assez de savoir qu'il est dogmatiste sur la question de la certitude : il faut savoir à quel point et comment il l'est, quels sont ceux de nos moyens de connaître qui sont susceptibles de certitude, à ses yeux, et comment il établit cette certitude. Relativement aux rapports de la philosophie et de la religion, ce n'est pas assez de savoir qu'il n'est point hostile à la religion, il faut savoir s'il admet les dogmes religieux *à priori* et en se soumettant à l'autorité de l'Eglise, ou s'il ne les admet qu'après discussion, et en étendant l'indépendance de son esprit sur ces matières comme sur les autres.

Pour la question de l'objet immédiat et premier de nos études philosophiques, ce n'est pas assez de savoir qu'un auteur com-

mence par les faits, il faut savoir comment il divise la masse
des faits et des objets concrets, avec quelle lenteur il les
quitte, et quelle sagesse il met dans ses inductions. S'il s'élève
à la recherche des causes, il faut savoir quelles précautions il
prend en portant le vol de son esprit à cette hauteur. Il en est
de même des réponses faites aux autres questions du travail
scientifique, de sorte que ce sont les caractères des réponses
faites à ces questions qui constituent la méthode philosophique
d'un auteur.

Au reste, il ne faut pas confondre la méthode *philosophique*
avec les méthodes particulières. L'une est la méthode de la
science générale, de la science de l'univers ; les autres ne con-
viennent qu'à des sciences particulières, développements de
certains points de la science générale. La philosophie ayant
pour objet l'univers entier, dont elle cherche l'origine et la
fin, se pose nécessairement la question de la certitude des connaissances humaines, et se trouve aussi nécessairement appelée à traiter quelques-uns des problèmes que résout l'enseignement religieux. Une science particulière peut n'avoir à
traiter aucune de ces deux espèces de questions. Cela seul établit une immense différence entre la méthode philosophique
et les méthodes particulières.

Pour savoir quelle est la méthode philosophique de Bacon,
nous allons interroger cet auteur sur chacune des sept questions principales que donne lieu de faire le plan de la science
générale, et ces diverses recherches que nous ferons consti-
tueront autant de divisions dans notre traité de la méthode
philosophique de Bacon.

PREMIÈRE QUESTION.

Quel point de départ prend Bacon pour asseoir la certitude
de la science qu'il veut fonder ? En d'autres termes, quels
sont, suivant lui, les fondements de la certitude ? La psychologie reconnaît que notre intelligence est douée de trois facultés primitives : les sens, le sens intime, et la raison, lesquelles
fournissent au raisonnement tous ces matériaux ; le genre
humain admet aussi, comme moyens légitimes de connaître, le
témoignage de nos semblables pour les faits qui n'ont pas été
à la portée de nos propres sens ; et enfin la révélation, enten-

due dans le sens naturel ou surnaturel, pour les vérités que l'intelligence ne peut atteindre par ses analyses. Quels sont ceux de ces moyens de connaître qui ont été admis par Bacon ? Ce philosophe était-il sceptique ou dogmatiste ? Admettait-il quelques moyens de connaître qui pussent produire la certitude, et quels étaient ces moyens ?

Telle est la question complexe que nous avons à résoudre.

Non-seulement Bacon n'était pas sceptique, mais il admettait tous les moyens de connaître reconnus par le genre humain.

Parlons d'abord de son dogmatisme à l'égard des sens.

Nous avons déjà dit qu'il ne rejetait pas du domaine de la science les données des sens. Cela ressort de toutes les parties de ses écrits. Cependant, il est bon de citer quelques passages à l'appui de notre assertion, et de montrer dans quelles limites il les admettait.

D'abord, il reconnaît la véracité de l'intelligence humaine en général ; il n'admet point d'autre flambeau pour les sciences humaines que celui qui éclaire naturellement l'esprit humain. Ensuite, il respecte la véracité de cette intelligence dans chacune de ses facultés, dans ses facultés d'observation comme dans ses facultés purement intellectuelles ou rationnelles. En effet, ces diverses facultés ne sont que les diverses fonctions de la même intelligence : proscrire les unes, c'est renverser le fondement des autres et pencher vers le scepticisme.

Dans la distribution de toute l'œuvre placée en tête du *de Augmentis*, après avoir déclaré qu'il entend porter sa critique sur les idées qui servent de principes, comme sur les idées déduites et même sur les notions dues aux sens, après avoir indiqué les moyens de rectifier les données de ceux-ci et de suppléer à leur insuffisance, il reconnaît ouvertement la vérité de leur témoignage, quand ce témoignage est donné régulièrement. « C'est des sens, dit-il, qu'il faut tout tirer dans l'étude de la nature (physique), à moins qu'on ne veuille extravaguer. Nous croyons nous être portés à leur égard pour de religieux ministres et pour interprètes de leurs oracles, avec quelque sorte d'habileté, en sorte que cet hommage, cette espèce de culte que les autres se piquent de rendre aux sens, il me semble que c'est nous qui le leur rendons réellement. »

Dans le *Novum Organum*, livre Iᵉʳ, aphorisme 37, nous lisons ce qui suit :

« La méthode des philosophes qui soutenaient le dogme de l'acatalepsie est, dans les commencements, presque parallèle à la nôtre ; mais, sur la fin, les deux méthodes s'écartent prodigieusement l'une de l'autre, et elles sont même opposées, car, eux, affirment absolument et sans restriction qu'on ne peut rien savoir, ôtant ainsi aux sens et à l'entendement toute autorité, au lieu que nous, qui disons seulement qu'on ne peut, par la méthode reçue, acquérir de grandes connaissances sur la nature, nous proposons une autre méthode dont le but est de chercher et de procurer sans cesse des secours aux sens et à l'entendement. »

Dans le *Novum Organum*, liv. Iᵉʳ, aphorisme 67, on trouve encore ce qui suit :

« Lorsque l'esprit humain a désespéré une seule fois de découvrir la vérité, tout languit dès lors, et les hommes se laissent plus volontiers entraîner à de douces et aimables discussions, et à parcourir en pensée la nature qu'ils effleurent, qu'ils ne se maintiennent dans les rudes labeurs de la véritable méthode. Mais, comme nous l'avons dit dès le principe, et ce à quoi nous travaillons sans cesse, il ne faut pas ôter aux sens et à l'esprit de l'homme, si faibles par eux-mêmes, leur autorité naturelle, mais leur fournir des secours. »

A la fin de l'aphorisme 87 du même livre, après avoir de nouveau combattu le scepticisme ou l'acatalepsie, l'auteur ajoute : « Au reste, qu'on se rappelle ce que nous avons dit au commencement et que nous ne perdrons jamais de vue : Il ne s'agit pas de déroger à l'autorité des sens ou de l'entendement, mais seulement de secourir leur faiblesse. »

Bacon admet donc le témoignage des sens et leurs données régulières ; mais, en admettant ces données, Bacon n'est point un vulgaire empiriste, esclave des apparences ; il complète ces données en augmentant la puissance ou la délicatesse des sens eux-mêmes ; il les soumet à l'épreuve, et il les interprète à l'aide des facultés de la raison qu'il appelle ici l'*entendement*.

Dans la distribution de l'*Instauratio magna*, dont nous venons de parler, on trouve les propositions suivantes :

« Le sens commet deux espèces de fautes : ou il nous aban-
donne, ou il nous trompe.... Lors même que le sens a saisi
son objet, rien de moins ferme que ses perceptions, car le
témoignage et l'information du sens ne donne qu'une relation
à l'homme et non une relation à l'univers, et c'est se tromper
grossièrement que de dire que le sens est la mesure des choses.... Nous discutons en mille manières les informations du
sens même.... Nous ne donnons pas beaucoup à la perception
immédiate et propre des sens, mais nous amenons la chose à
tel point, que le sens ne juge que de l'expérience, et que c'est
l'expérience qui juge de la chose même. »

Par le mot *expérience* il voulait dire que nous soumettons
les choses de la nature à des épreuves, et que c'est le résultat
seul de ces épreuves que nous connaissons par les sens. Ainsi,
le poids des corps est soumis à la balance, et c'est la position
de la balance que nous connaissons par les sens ; le poids lui-
même est conclu par la raison proprement dite. De même la
chaleur est mesurée par le thermomètre, et ce sont les degrés
du thermomètre que nous percevons par les yeux. Le degré de
la chaleur elle-même est conclu par la raison. La grandeur
est d'abord soumise à la mesure d'un étalon quelconque, et
c'est le nombre des applications successives de l'étalon que
nous constatons par les sens : d'où notre esprit conclut la
grandeur absolue du corps qu'il fallait mesurer.

Telle est la part assignée aux sens par Bacon dans la formation de la science. Voyons la part des autres moyens de connaître.

D'abord, en admettant les données des sens comme les premiers matériaux de la science, il y comprend forcément les
données du sens intime, ainsi que le faisaient les philosophes de son siècle, et que l'ont fait les divers auteurs jusqu'à
ces derniers temps. Aussi, dans le *Novum Organum*, liv. I,
aph. 127, Bacon soutient-il que sa méthode s'applique, non-
seulement aux sciences physiques, mais aussi aux sciences
morales qui ont pour premiers matériaux des faits du sens intime. Il admet aussi la mémoire, puisque dans la division des
sciences en trois grandes classes, il reconnaît que l'histoire
repose sur la mémoire, laquelle suppose elle-même les
sens.

Dans cette même division des sciences, il rattache la philosophie à une quatrième faculté qu'il appelle *la raison*. Reste à savoir quelle est cette faculté, quel en est l'objet, ou quels en sont les divers objets, quelle en est la vraie nature et en quoi elle diffère de la faculté de concevoir.

Pour le découvrir, il faut entrer dans des détails assez longs sur *la philosophie*, sur ses divisions, et sur l'objet de chacune de ces divisions.

Dans son grand ouvrage *de Augmentis*, Bacon range, disons-nous, toutes les productions de l'esprit humain en *histoire*, en *poésie* et en *philosophie*, selon qu'elles se rapportent principalement à la mémoire, à l'imagination ou à la raison. Pour nous, laissant de côté la poésie et ses divisions, qui ne s'adressent point à l'intelligence, nous trouvons que Bacon admet, comme appartenant à cette intelligence, *l'histoire* et *la philosophie*. Et comme *la philosophie* est divisée par lui en *physique* et en *métaphysique*, il en résulte que Bacon reconnaît trois degrés principaux dans la science. Voyons ce qu'est chacun de ces degrés dans l'esprit de notre auteur.

L'histoire, quelle que soit la direction qu'il lui donne et que nous n'examinerons pas ici, est du ressort des sens et de la mémoire.

Mais nous avons à nous faire une idée de ce que Bacon appelle *la physique* et *la métaphysique*. Pour le comprendre, il faut que nous nous donnions la peine d'étudier quelques termes de la langue qu'il parlait en traitant de ces matières.

Bacon, se servant des expressions, sinon des idées, de la philosophie grecque, reconnaissait dans un individu quatre éléments ou quatre points de vue : la *matière*, la *forme*, l'*efficient* et la *fin*.

1° La *matière* était sans doute pour Bacon, comme pour Aristote, ce dont une nature nous paraît avoir été formée. A l'état de *matière*, cette nature était indéterminée sous tous les rapports ; elle était propre à devenir tout, mais elle n'était encore rien ; c'était un principe de substances sans qualités : conception qui implique contradiction, mais que nous ne pouvons exposer autrement que les anciens la présentaient.

2° La matière, en sortant de son indétermination absolue,

pour devenir un des genres les plus élevés et les plus étendus, ou plutôt une des conceptions les plus abstraites et les plus générales, comme l'*être*, la *substance*, etc., étaient ce que les anciens appelaient une *forme* ou cause *formelle*. Toute qualité qui n'apparaissait pas comme la transformation d'une autre qualité, tels que le blanc, le chaud, le lourd, le lumineux, etc., était une *nature* spéciale, et chaque *nature* avait un principe qui en était la *forme*, la cause *formelle*. Les modernes conçoivent mieux le principe appelé la *forme*, que celui qui était appelé la *matière*. Nous reconnaissons même que le principe du blanc, et en général de toutes les couleurs, est le fluide lumineux réfléchi par les corps; que le principe de la pesanteur est la force attractive dont sont doués les corps les uns à l'égard des autres; que le principe de la sensation de lumière est dans les vibrations du fluide lumineux répandu dans l'espace.

3° La cause appelée *forme*, venant à se produire dans des natures spéciales et dans des cas particuliers, devenait l'*efficient*. L'efficient était donc composé en quelque sorte, puisqu'il était la forme unie à une nature ou à des natures particulières. Telle était la cause de la blancheur dans un objet particulier, dans la neige, par exemple. La cause de la blancheur n'est pas la même dans la neige et dans le verre pilé. Dans le premier cas, c'est la lumière mêlée à l'eau gelée; dans le second, c'est la lumière mêlée à la poudre rendue plus subtile. Le principe commun aux deux cas peut être la lumière, ou une certaine réflexion de la lumière sur ces deux espèces de corps. Il n'y a là qu'une seule forme, mais il y a deux efficients.

4° La fin ou la cause finale était probablement pour Bacon ce qu'elle est pour tout le monde, le but qui doit être atteint suivant l'intention d'un moteur. Cette conception suppose donc une chose mue et un moteur. La fin peut être considérée dans la chose mue ou dans le moteur. Dans la chose mue, c'est la prédisposition qui lui est imprimée et qui la pousse vers le but proposé; dans le moteur, c'est l'intention dont le moteur est animé quand il imprime à l'objet mû une direction particulière. L'œil est fait pour voir: on peut appeler *fin*, en lui, la prédisposition qui le rend propre à la vision. On peut dire aussi que la fin de cet œil est l'intention qu'a eue sur sa destination l'intelligence qui l'a formé.

Telles sont les quatre causes admises par Bacon, à l'imitation des philosophes grecs.

De ces quatre causes, deux sont du domaine de *la physique*, et les deux autres du domaine de *la métaphysique :* la *matière* et l'*efficient* appartiennent à *la physique ;* la *forme* et la *cause finale* sont du ressort de *la métaphysique*.

Après ces explications préliminaires, nous pouvons citer ce que Bacon dit de sa physique et de sa métaphysique.

Dans le *de Augmentis*, liv. III, chap. IV, on trouve ce qui suit :

« ...... La physique est cette science qui a pour objet la recherche de l'efficient et de la matière, et la métaphysique, celle de la forme et de la fin.

La physique embrasse donc ce que les causes ont de vague, d'incertain et de variable, selon la nature du sujet avec ce que ces causes ont de constant. Elle ne dit pas *comment d'un côté le limon durcit et de l'autre la cire s'amollit par l'action d'un seul et même feu* (1).

Le feu est bien la cause de la dureté, mais dans le limon ; le feu est encore la cause de la liquéfaction, mais seulement dans la cire.

Après ces paroles, viennent, dans le même passage, les divisions et les subdivisions de la physique.

La physique se divise en trois branches : 1° en science des éléments des choses, *de principiis rerum ;* 2° en science de leur ensemble ou du système du monde, *de fabrica rerum ;* 3° en science de leurs variétés ou de leurs diverses espèces, *de varietate rerum*.

Ces sciences ne manquent pas entièrement, dit Bacon, mais elles sont très-imparfaitement traitées.

La science des variétés ou des espèces se subdivise en science des concrets ou des êtres réels, formée par l'agrégation de diverses propriétés, et en science des abstraits, c'est-à-dire, des propriétés qui peuvent se trouver dans les êtres les plus divers, comme la chaleur, le poids.

La science des concrets semble avoir beaucoup de rapports

(1)   *Limus ut hic durescit et hæc ut cera liquescit*
     Uno eodemque igne...... (Virg., egl. VIII, v. 80.)

avec l'histoire naturelle des modernes; elle traite des individus du ciel comme des individus de la terre, des astres et des animaux.

La science des abstraits s'occupe de la densité, de la rareté, de la pesanteur, du chaud, etc.; puis des tendances ou des forces et des mouvements de la matière, Bacon distinguant avec soin les mouvements simples et les mouvements composés. C'est là qu'il étudie ou recommande d'étudier à fond les vraies causes occultes, c'est-à-dire, les causes invisibles, au lieu des causes imaginaires qui avaient tant occupé les scolastiques.

La science des abstraits prépare admirablement l'objet de la métaphysique qui recherche principalement la *cause formelle* des abstraits.

Dans le même ouvrage *de Augmentis*, et au même chapitre, on lit ce qui suit, relativement à cette dernière science :

« Quant à la métaphysique, nous lui avons attribué la recherche des causes formelles et finales, attribution qui peut sembler inutile quant aux *formes;* car il est une opinion accréditée et désormais invétérée, qui fait croire qu'il n'est point d'industrie humaine suffisante pour découvrir les formes essentielles ou les vraies différences des choses, opinion qui nous donne beaucoup, en nous accordant du moins que, de toutes les parties de la science, la découverte des choses est celle qui mérite le plus nos recherches, en supposant que cette découverte soit possible. Quant à ce qui regarde la possibilité de la découverte, ce sont de bien lâches navigateurs et bien peu faits pour les découvertes, que ceux qui, du moment qu'ils ne voient plus que le ciel et la mer, s'imaginent qu'il n'y a plus de terre au delà de leur horizon. Mais il est clair que Platon, homme d'un sublime génie, qui, promenant ses regards sur toute la nature, semblait contempler toutes choses comme d'un rocher élevé, a très-bien vu, dans sa doctrine des idées, que les formes sont le véritable objet de la science, quoiqu'il ait lui-même perdu tout le fruit de cette opinion si bien fondée, en envisageant et en s'efforçant d'embrasser des formes tout à fait immatérielles et non déterminées dans la matière, méprise dont l'effet pour lui a été de se tourner vers les spéculations théologiques, ce qui a infecté et souillé toute sa philosophie naturelle. Que si , avec la diligence , le soin et la sincérité dont nous sommes capables, nous tournons nos regards vers l'action et l'utilité, il ne nous sera pas difficile de chercher et de connaître les *formes* dont la connaissance peut enrichir le genre humain, et assurer son bonheur.... »

Avouant qu'il est impossible de trouver d'abord la forme ou l'essence d'un objet concret de la nature, à cause de la multiplicité et de la diversité des éléments qui entrent dans sa formation , Bacon insiste sur la possibilité de trouver l'essence des natures simples, et il prend pour sujet de comparaison les mots d'une langue dont on ne peut trouver les éléments, tant qu'on les considère dans leur complexité , mais que l'on analyse très-bien si on les partage préalablement en syllabes, en voix et en articulations. Puis il ajoute :

« De même, en cherchant la *forme* du lion , du chêne, de l'or, ou même celle de l'eau ou de l'air, l'on perdrait ses peines ; mais découvrir la forme de l'une ou de l'autre des natures exprimées par ces mots : dense, rare, chaud, froid, pesant, léger, tangible, pneumatique, volatil, fixe, et autres semblables manières d'être...., c'est à cela même que tendent tous nos efforts. C'est là proprement ce qui constitue et définit cette partie de la métaphysique dont nous sommes actuellement occupés, ce qui n'empêche nullement que la physique ne considère aussi ces formes comme nous l'avons dit, mais seulement quant aux causes variables.

Par exemple, cherche-t-on la cause de la blancheur qu'on observe dans la neige ou l'écume, c'est en donner une juste explication que de dire : que ce n'est qu'un subtil mélange de l'air avec l'eau ; mais il s'en faut de beaucoup que ce soit là précisément la forme de la blancheur, attendu que l'air, mêlé aussi avec le verre ou le cristal pulvérisé, produit la blancheur tout aussi bien que par son mélange avec l'eau, et ce n'est là qu'une cause efficiente, laquelle n'est autre chose que le véhicule de la forme. Mais, si vous faisiez la même recherche en métaphysique, vous trouveriez à peu près le résultat suivant, savoir : que deux corps diaphanes, mêlés l'un avec l'autre par portions optiques disposées dans un ordre simple ou uniforme, constituent la blancheur. »

Comme on le voit , la métaphysique recherche les causes

formelles et les causes finales. Mais elle ne doit rechercher les causes formelles que dans une nature simple. La physique recherchera bien la cause efficiente ou l'origine d'un tout composé, par exemple d'une plante qui a son origine dans un germe, la cause efficiente d'un animal qui a la sienne dans un œuf ou dans un embryon. Mais le germe, l'embryon, ne sont pas des causes formelles, ce sont seulement des *efficients*.

S'il était besoin de nouvelles citations pour faire comprendre quel était l'objet de la physique et celui de la métaphysique dans Bacon, nous pourrions renvoyer à bien d'autres passages, par exemple, au chapitre V du même livre, où l'auteur divise la science pratique de la Nature en deux parties principales, la mécanique et la magie : la première, correspondant à la physique, science des causes efficientes et matérielles, et la seconde, à la métaphysique, science des formes ou essences et des causes finales. Dans le *Novum Organum*, liv. II, aph. 9, se trouvent encore les définitions que nous avons données de la physique et de la métaphysique.

Outre la physique et la métaphysique, nous avons vu que Bacon admet dans le savoir général la science des faits ou l'histoire de la nature. D'où nous pouvons conclure qu'il distingue trois degrés principaux dans le savoir humain. Mais nous n'en sommes pas réduits à n'avoir sur ce point que des conclusions implicitement renfermées dans les doctrines de Bacon. Il énonce lui-même positivement sa pensée. A la suite de ce que nous venons de rapporter du *de Augmentis*, il formule lui-même très-nettement sa doctrine sur ce point capital. Il représente les sciences humaines sous la forme de pyramides partielles composant une vaste pyramide totale à trois étages, et dont le sommet est la science divine.

« Les sciences, dit-il, sont comme autant de pyramides dont l'histoire et l'expérience sont l'unique base ; et, par conséquent, la base de la philosophie naturelle est l'histoire de la nature, l'étage le plus voisin de la base est la physique, et le plus voisin du sommet est la métaphysique. Quant au sommet du cône, au point le plus élevé, je veux dire *l'œuvre que Dieu opère depuis le commencement des siècles jusqu'à la fin*, loi sommaire, en un mot, je ne sais (et je n'ai que trop de raisons pour en douter) si l'intelligence humaine peut y atteindre.

Au reste, ce sont les trois vrais étages de la science; ce sont, il est vrai, pour les hommes enflés de leur propre science, et qui ont l'audace de combattre Dieu même, comme ces trois montagnes qu'entassèrent les géants :

> *Ter sunt conati imponere Pelio Ossam,*
> *Scilicet atque Ossæ frondorum involvere Olympum.*

Mais pour ceux qui, s'anéantissant eux-mêmes, rapportent tout à la gloire de Dieu, c'est quelque chose de semblable à cette triple acclamation : *Sanctus! sanctus! sanctus!* car Dieu est saint dans la *multitude* de ses œuvres, saint dans l'*ordre* qu'il y a mis, et saint dans leur *harmonie.* Aussi l'idée suivante, de Parménide et de Platon (quoique ce ne soit au fond qu'une pure spéculation), n'a-t-elle pas moins de justesse que de grandeur : « Toutes choses, disent-ils, s'élèvent par une sorte d'échelle à l'unité. » (*De Augmentis*, liv. III, chap. IV, § 12.)

Puisque Bacon admet que l'homme connaît les *efficients* et les *causes formelles*, il reconnaît donc en lui une faculté intellectuelle différente des sens et du sens intime. Cette faculté n'est point la faculté de concevoir, car elle n'imagine pas, elle perçoit; elle ne peut placer des causes efficientes ou formelles que là où les faits sensibles les appellent nécessairement. Donc cette faculté est véritablement perceptive ou cognitive. Nous sommes bien confirmés dans notre conclusion, lorsque nous voyons que la philosophie, d'après Bacon, a trois objets principaux : la nature physique, l'homme et Dieu, et que, suivant la science de l'homme dans ses divisions, nous y découvrons la science de l'*âme rationnelle*, émanée du souffle divin, *de spiraculo*, et la science de l'*âme sensitive*, irrationnelle, *de anima sensibili*, la seule qui existe dans les animaux, et qui, dans l'homme, n'est que l'organe de l'autre. Si Bacon connaît *l'âme sensitive* et *l'âme rationnelle*, il possède donc une faculté pour connaître ces principes invisibles.

Comme on le voit, bien que Bacon soit un esprit indépendant, il n'est pas pour cela un sceptique, il admet les trois facultés primitives de l'intelligence, ainsi que nous l'avons vu. De plus, son esprit n'est pas une intelligence solitaire, sans communication avec les autres intelligences. L'intelligence Baconienne reçoit l'instruction de toutes les autres et participe à toutes leurs découvertes. Une subdivision de la science de l'âme indiquée par lui, donne *l'art de transmettre ses pensées aux autres* ; de plus, dans ses *Desiderata*, Bacon consigne l'histoire des lettres et des arts, et bien d'autres parties qui supposent la communication que se font les intelligences, de leurs idées et de leurs connaissances. Enfin, toute la sixième partie de *l'Instauratio magna* suppose le consentement des intelligences entre elles et la transmission des idées de la science, puisqu'elle doit se composer de ce que découvrira chaque penseur, chaque génération, et qui sera communiqué aux contemporains et transmis aux générations suivantes.

Du reste, bien que Bacon admette la légitimité de tous nos moyens de connaître, il est loin de penser qu'il n'y ait aucune précaution à prendre contre les méprises que nous pouvons faire en nous en servant. Dans le *Novum Organum*, liv. I, 45, on lit ce qui suit :

« Une autre cause d'erreur, c'est cette impatience qui, en rendant incapable de supporter le doute, fait qu'on se hâte de décider au lieu de suspendre son jugement comme il est nécessaire et aussi longtemps qu'il le faut...... Dans la contemplation, si l'on veut commencer par la certitude, on finira par le doute ; au lieu que, si, en commençant par le doute, on a la patience de l'endurer quelque temps, on finira par la certitude. »

Comme on le voit, le doute de Bacon est un doute provisoire, un essai de doute momentané et qui ne vient qu'après que nos moyens de connaître ont été reconnus en principe dignes de toute confiance. Ce n'est pas le doute préalable de Descartes, antérieur à tout dogme de certitude, enveloppant les principes de vérités nécessaires, et qui ne peut guère finir que par un scepticisme universel.

DEUXIÈME QUESTION.

Dans le libre examen auquel se livre Bacon, respecte-t-il les dogmes religieux et les doctrines politiques de l'État?

Dans le premier essai d'exposition que nous avons fait de

l'esprit de Bacon, nous avons vu quel est son respect pour les dogmes religieux, et quelle part il leur fait dans les lumières qui éclairent le genre humain. Nos citations sont tirées de la préface de l'*Instauratio*, 17, du *de Augmentis*, liv. III, c. 2, et du *Novum Organum*, liv. I. Nous n'avons rien à ajouter sur ce point important. Nous savons du reste combien il se montra favorable, dans le cours de sa vie, aux doctrines politiques de sa patrie, malgré son goût pour les réformes dans la jurisprudence et la législation.

TROISIÈME QUESTION.

Quel objet Bacon recommande-t-il d'étudier immédiatement, quand il commence la science générale? Comment prescrit-il de diviser et de subdiviser?

Dans notre premier essai pour exposer l'esprit de Bacon, on voit que cet auteur blâme les philosophes qui ne savent pas distinguer les questions dominantes de la science, ou ne travaillent que pour des gains particuliers, au lieu de chercher les intérêts de la science générale ; on voit aussi qu'il blâme ceux qui ne suivent que la logique ancienne, procédant par syllogismes, et se fondant sur des généralités placées en tête de la science. Suivant lui, c'est par l'étude des faits que doit commencer la science générale. Cependant il ne faut pas s'en tenir à l'usage des sens (préface, 13), il faut recueillir les faits et en tirer des inductions, il faut marier la méthode empirique et la méthode rationnelle, dont le *divorce et les fâcheuses dissonances ont tout troublé dans la famille humaine.*

Dans notre second essai, nous voyons Bacon recommander aussi de commencer l'étude de la science générale sans doute par l'étude de la nature elle-même, mais d'en venir immédiatement ensuite à la philosophie première, qui consiste surtout dans l'étude des axiomes. (Voyez le *de Augmentis*, livre I, 42.)

Voici, du reste, un extrait de ce qu'il dit sur la philosophie première :

« La philosophie a trois objets : Dieu, la nature et l'hom-

me..... Il convient donc de diviser la philosophie en trois
doctrines, savoir : doctrine sur Dieu, doctrine sur la nature,
doctrine sur l'homme. Or, comme les divisions des sciences
ne ressemblent nullement à des lignes différentes qui coïncident en un seul point, mais plutôt aux branches d'un arbre
qui se réunissent en un seul tronc, lequel dans un certain
espace demeure entier et continu, il est à propos, avant de
suivre les membres de la première division, de constituer une
science universelle qui soit la mère commune de toutes les
autres et qu'on puisse regarder comme une portion de route
qui est commune à toutes jusqu'au point où ces routes se
séparent et prennent des directions différentes. C'est cette
science que nous décorons du nom de philosophie première....
Nous voulons qu'on désigne quelque science qui soit le réser-
voir des axiomes, non de ceux qui sont propres à chaque
science particulière, mais de ceux qui sont communs à plusieurs.

« Qu'il y ait un grand nombre de tels axiomes, c'est ce dont
on ne peut pas douter. Par exemple, « si à deux quantités
inégales on ajoute deux quantités égales, les deux sommes
seront inégales; » c'est une règle de mathématiques. Mais
cette même règle a lieu en morale, du moins quant à la
justice distributive; car, dans la justice commutative, la raison d'équité veut qu'on assigne à des hommes inégaux des
choses égales; mais dans la distribution, ne pas donner à des
hommes inégaux des choses inégales, ce serait commettre
une très-grande injustice. « Deux choses qui s'accordent par
rapport à une troisième, s'accordent aussi entre elles, » est
encore une règle de mathématiques; mais, de plus, elle a en
logique une telle influence, qu'elle est le fondement du syl-
logisme. — « C'est dans les plus petites choses que la nature
se décèle le mieux. » Cette règle a tant de force en physique,
qu'elle a produit les atomes de Démocrite. Cependant c'est
avec raison qu'Aristote en a fait usage en politique, lui qui,
de la considération d'une simple famille, s'élève à la connaissance de la république. — « Tout se transforme, rien ne
périt; » c'est encore là une règle de physique qu'ordinairement on énonce ainsi : « La quantité de la matière n'augmente
ni ne diminue. » Cette même règle convient à la théologie

naturelle, pour peu qu'on lui donne cette autre forme :
« Faire quelque chose de rien, ou réduire quelque chose au
néant, sont des actes qui n'appartiennent qu'à la toute-
puissance. » Et c'est ce que témoigne aussi l'Ecriture : « J'ai
appris que toutes les œuvres que Dieu a faites demeurent
éternellement ; nous ne pouvons y rien ajouter, ni en rien
retrancher (1). » — « On empêche la destruction d'une chose
en la ramenant à ses principes, » est une règle de physique.
Cette même règle a sa force en politique (et c'est ce que
Machiavelli a judicieusement remarqué), vu que le principal moyen pour empêcher les républiques de périr est de
les réformer et de les ramener aux mœurs antiques..... Tout
ce que nous venons de dire et tout ce qu'on peut dire de semblable, il ne faut pas le regarder comme de simples simili-
tudes (ainsi que pourrait le penser tel qui manquerait d'une
certaine pénétration) ; mais ce sont des vestiges, des caractères de la nature absolument identiques : caractères qu'elle a
imprimés à différentes matières et à différents sujets. C'est
une science que jusqu'ici l'on n'a point traitée avec le soin
qu'elle mérite. Tout au plus, dans les écrits émanés de certains génies élevés, trouverez-vous répandus çà et là quelques
axiomes de cette espèce, et seulement à l'usage du sujet qu'ils
traitent. Mais un corps de pareils axiomes qui, étant comme
le sommaire, comme l'esprit de toutes les sciences, pussent,
en en donnant une première teinte, en faciliter l'étude, personne ne l'a encore composé, et ce serait pourtant de tous
les ouvrages le plus propre à faire bien sentir l'unité de la
nature, ce qui est regardé comme l'office de la philosophie
première. »

Dans le *Novum Organum*, aph. 107, il recommande expressément et de nouveau de ne jamais séparer les sciences
particulières de la philosophie naturelle, c'est-à-dire de l'é-
tude des faits, soit dans l'ordre physique, soit dans l'ordre
intellectuel. (Voir notre troisième essai d'exposition.)

De ces deux espèces de recommandations faites par Bacon,
il résulte que la science générale doit commencer tout à la
fois par l'étude des faits et par l'étude de la philosophie pre-

(1) Eccl., c. 3, v. 14.

mière. Comment concilier ces deux préceptes? Les axiomes
de la philosophie première sont ou des vérités nécessaires ou
des généralités contingentes. Dans le premier cas, les axiomes
s'allient très-bien avec l'étude des faits, car, si les faits sont
les premiers matériaux de nos connaissances, les vérités nécessaires en sont les conditions indispensables. Dans le second
cas, les généralités contingentes servent à nous diriger dans
l'étude des faits qui doivent en être la confirmation, et, loin
de nuire à cette étude, elles la facilitent notablement.

L'ensemble des choses réelles et observables étant admis
comme le premier objet à étudier dans la science générale, il
reste à savoir comment on doit diviser et subdiviser cet objet ;
car, s'il n'y a point de science complète, de science vraie
sans la vue de l'ensemble de l'objet, il n'y a point non plus
de science claire sans les divisions et les subdivisions régulièrement faites. Or, nous voyons que Bacon commence bien la
science par l'ensemble des réalités ; mais ensuite nous ne
trouvons rien de bien précis concernant les divisions et subdivisions. Nous ajouterons même que Bacon, dans la pratique,
n'est pas toujours heureux sur ce point. Et cependant il a fait
bien des divisions dans le *de Augmentis*. Le premier partage
des sciences humaines en trois grandes classes ne satisfait
presque personne. On eût généralement désiré que Bacon
commençât par diviser les sciences sous le point de vue de
l'objet, et que les sous-divisions au point de vue de l'esprit
ne vinssent qu'au second rang dans l'étude des réalités, c'est-
à-dire, dans les sciences qui sont fondées sur l'observation.

Nous pensons que, après avoir embrassé les objets concrets
dans toute leur complexité, il faut, pour en simplifier l'étude,
se contenter de séparer dans les composées les parties juxta-
posées, au lieu de faire des divisions conçues *à priori* et de
commencer par mutiler l'objet naturel que l'on veut connaître.
Nous pensons en outre qu'il y a plus de danger à mutiler
l'objet total ou partiel de nos études, qu'à comprendre quelques
éléments étrangers dans l'objet spécial de nos études actuelles.

Aussi, pour qu'on ne laisse échapper aucune partie de cet
objet, nous recommandons que, après avoir étudié l'objet en
lui-même, on le considère dans ses rapports avec l'ensemble
de tous les êtres, et en particulier avec ceux qui ont le plus
d'intimité avec lui.

Dans les sciences de faits proprement dits, il ne suffit pas
d'avoir établi que ce sont les faits qui doivent être le premier
objet de notre étude pour la connaissance de l'univers, c'est-à-
dire l'ensemble des réalités observables ou non observables, il
faut encore énumérer les différentes espèces de faits qui sont
à étudier, suivant Bacon. C'est ce philosophe lui-même que
nous laisserons parler sur cette question, comme sur les
autres.

Dans la distribution des parties de son œuvre, § 16, nous
lisons ce qui suit :

« L'histoire de la nature embrasse les phénomènes de
l'univers, c'est-à-dire, les expériences de toute espèce ; une
histoire naturelle, en un mot, tellement large, qu'elle puisse
servir de base à la science générale. Car, eût-on trouvé une
méthode de démonstration, une manière d'interpréter la nature assez parfaite pour garantir l'esprit humain de toute erreur, de toute chute, elle n'en serait pas plus suffisante pour
lui fournir la matière première d'une partie quelconque de la
science générale. Ceux donc qui ont l'intention, non pas de
conjecturer et de faire les devins, mais de découvrir, de savoir ; qui ne se contentent pas de rêver des mondes imaginaires, futiles imitations du monde réel, mais dont le dessein est
de pénétrer dans la vraie nature de ce monde que voilà et de
le disséquer pour ainsi dire, ceux-là doivent tout puiser dans
les choses mêmes.....

Quant à la manière de la composer, l'histoire que nous
projetons n'est pas seulement celle de la nature, libre, dégagée de tout lien, et telle qu'elle est lorsqu'elle coule d'elle-
même et exécute son œuvre sans obstacle ; telle qu'est l'histoire des corps célestes, des météores, de la terre et de la mer,
des minéraux, des plantes, des animaux ; mais bien plus celle
de la nature liée et tourmentée, c'est-à-dire, de la nature telle
qu'elle se trouve lorsque, par le moyen de l'art et par le
ministère de l'homme, elle est chassée de son état, pressée et
comme forgée. C'est pourquoi nous faisons entrer dans notre
histoire toutes les expériences des arts mécaniques, toutes
celles dont se compose la partie pratique des arts libéraux ;
enfin, toutes celles d'où résultent une infinité de pratiques
qui ne forment pas encore proprement un corps d'art, et cela

autant que la recherche nous en a été possible, et que ces expériences vont à notre but. Il y a plus, s'il faut tout dire : peu touchés de l'orgueil de certaines gens et peu séduits par les belles apparences, nous nous occupons plus spécialement de cette partie, et nous en attendons plus de secours que de celle dont nous parlions d'abord, attendu que la nature se décèle mieux par les tourments que l'art lui fait subir, que lorsqu'elle est abandonnée à elle-même et laissée dans toute sa liberté.

Et non contents de former l'histoire des corps, nous avons cru que ce soin et cette exactitude, dont nous nous piquons, nous faisaient une loi de former aussi à part une histoire des qualités elles-mêmes, je veux dire de celles qui peuvent être regardées comme cardinales dans l'univers, qui constituent proprement les forces primordiales de la nature. et qui sont comme ses premières passions et ses premiers désirs. Telles sont la densité, la rareté, le chaud et le froid, la consistance et la fluidité, la gravité et la légèreté, et un assez grand nombre d'autres semblables.

Que si nous venons à parler de la finesse du tissu, qu'on sache que nous rassemblons un certain genre d'expériences beaucoup plus délicates et plus simples que celles qui se présenteraient d'elles-mêmes, car nous tirons de l'obscurité et mettons au grand jour des choses que tout autre qu'un homme qui marche à la recherche des causes par une route constante et toujours la même, ne se serait jamais avisé de chercher, en sorte qu'on voit clairement que ce n'est pas pour elles-mêmes qu'on les a cherchées, mais qu'elles sont, relativement aux choses et aux œuvres, ce que les lettres de l'alphabet sont par rapport aux discours et aux mots; lettres qui, par elles-mêmes, sont inutiles, et qui sont pourtant les éléments de tout discours. »

A l'étude de la *nature liée* et *tourmentée*, c'est-à-dire, à l'étude de la nature dans ses productions artificielles, il faut joindre l'étude de la nature dans ses productions anormales, l'étude des maladies et des monstruosités. C'est ce que recommande formellement Bacon, en plaçant à la tête de la liste des sciences qui manquaient de son temps, et dont il provoquait la création, l'*Histoire des erreurs de la nature (Errores naturæ, sive Historia præter generationem)*. Ce n'est que de nos jours

que l'on a commencé à comprendre l'importance de ces espèces de recherches : l'étude des monstres est un des principaux
titres de gloire d'un célèbre zoologiste de nos jours, et l'étude
des maladies mentales est employée, par quelques savants, à
l'étude de l'esprit humain et au profit de la psychologie.

A quel degré du savoir possible Bacon a-t-il entendu
s'élever ?

Nous avons vu précédemment, dans le premier chapitre de
ce traité, que Bacon admet trois degrés principaux dans
l'échelle du savoir humain, la connaissance des faits, celle
des causes physiques, concrètes ou de l'efficient, celle des
causes formelles, générales, métaphysiques. Il oublie le
degré qui a pour objet la connaissance des lois, lequel doit
précéder la connaissance des causes. Sans doute, il parle
souvent de la connaissance des lois, mais il entend par là la
connaissance des causes formelles, des formes. « *Eadem res
est* forma *calidi aut* forma *luminis et* lex *calidi sive* lex *luminis.* » (*Nov. Org.*, liv. II, aph. 17.)

Il manque donc un degré dans l'échelle du savoir, telle que
l'a conçue Bacon. Il est utile de le constater, d'autant plus
que nos physiciens modernes regardent avec raison la connaissance des lois comme des plus importantes, et quelques-
uns refusent de pousser leurs recherches au-delà de la connaissance des véritables lois de la nature. Dans tous les cas,
on admet généralement que la connaissance des lois doit précéder celle des causes.

Il y a même une remarque à faire sur les trois degrés
admis par Bacon dans le savoir possible, c'est que ces trois
degrés existent bien au point de vue des logiciens et des idéalistes, la connaissance des formes étant le point le plus élevé
du savoir, et la connaissance des efficients étant inférieure
comme ayant un objet moins simple et moins général : mais,
dans l'ordre de l'acquisition des connaissances, nous arri-
vons, suivant Bacon lui-même, à la *forme*, essence des natures simples, avant de connaître l'efficient, qui est l'essence
des natures conjuguées ou des concrets. La connaissance de

l'efficient est un complément de la connaissance de la forme, et en quelque sorte une application de ce principe élevé.

Sous ce point de vue, Bacon n'admettrait que deux degrés dans son échelle ascendante du savoir, et la connaissance de l'efficient serait un degré de l'échelle descendante.

Partie pratique. — Cette quatrième question a rapport, non-seulement au degré du savoir auquel Bacon veut s'élever, mais en général au but qu'il veut atteindre dans ses recherches. Or, le but définitif auquel veut arriver Bacon, c'est la *pratique*, ainsi que nous l'avons établi dans notre première partie. Ce sont des œuvres réelles qu'il veut produire; ce but est annoncé et expliqué bien souvent dans le cours de ses ouvrages, mais principalement dans la préface et dans la distribution de son œuvre générale, dans l'esquisse du *Novum Organum* et dans le *Novum Organum* lui-même.

« La fin de la science que nous proposons, dit-il, n'est pas d'inventer des arguments, mais des *arts*..... Non des raisonnements, mais des indications de nouveaux procédés...... Dans l'ancienne logique, ce qu'on se proposait de vaincre et de lier pour ainsi dire, c'était un adversaire, et l'on employait l'argumentation. Dans notre science, c'est la nature, et il faut y arriver par des œuvres. Au titre de la seconde partie de son œuvre : *Aphorismi de interpretatione naturæ*, il ajoute *et regno hominis*, pour faire comprendre dès l'abord que son but est, non pas d'enseigner l'art stérile de disputer, mais de produire des œuvres et de conquérir l'empire de l'univers. De plus, il a soin de commencer le *Novum Organum* par une phrase significative qu'il répète plusieurs fois dans ses ouvrages : *Homo, naturæ minister et interpres, tantum facit, etc.*

La science de la nature consiste à expliquer des faits; l'explication des faits se trouve dans des causes, c'est-à-dire, dans des réalités souvent inaccessibles aux sens et propres à produire d'autres faits que les premiers qui ont été observés. Les causes sont donc des moyens de production. Dans les études des réalités, savoir et pouvoir semblent donc identiques; du moins chaque progrès, dans les recherches spéculatives, doit amener un progrès correspondant dans la pratique et dans les arts industriels, puisque, pour produire les effets, il n'y a qu'à employer dans l'opération, comme moyen, ce que l'on a reconnu comme cause dans la spéculation. Pour dompter la nature, il faut commencer par la connaître et lui obéir.

De là résulte un caractère particulier de la méthode Baconnienne, c'est que son action se compose de deux mouvements, le mouvement ascendant et le mouvement descendant. Il part d'un petit nombre de faits analogues entre eux pour arriver à leur cause; l'examen d'un plus grand nombre de faits conduit à une cause plus générale ; un plus grand nombre de faits et plus différents entre eux que les précédents, fait découvrir une cause encore plus générale, et ainsi de suite, jusqu'à ce que la cause soit aussi générale que le permettent les faits. C'est là le mouvement ascendant. Une fois que l'on est en possession de la cause la plus générale possible, c'est-à-dire, de la cause pure, dégagée de toutes les circonstances accidentelles au milieu desquelles elle se produit, on peut en disposer, et, par son moyen, produire des effets nouveaux. On entre dans le mouvement descendant. Ce sont ces deux mouvements, lesquels se succèdent suivant deux lignes formant un angle, que Bacon appelle l'échelle double de l'entendement. C'est la double marche que prescrit continuellement Bacon de suivre.

« Nous montrerons comment on peut se prévaloir des propositions déjà établies par l'induction, pour chercher et former des propositions plus générales et plus élevées, afin qu'on s'élève par degrés et par des échelons non interrompus à l'unité de la nature. » (*Esquisse*, § 13.)

« ..... La vraie route n'est pas un chemin uni, elle monte et descend ; elle monte d'abord aux lois générales, et descend ensuite à la pratique. » (*Nov. Org.*, aph. 103.)

« ..... Il faudra bien espérer des sciences, lorsque l'esprit montera par la véritable échelle, par des degrés continus et sans solution, des faits aux causes les moins élevées, ensuite aux causes moyennes, en s'élevant de plus en plus jusqu'à ce qu'il atteigne enfin les plus générales de toutes..... » (*Nov. Org.*, aph. 104.)

Ces deux mouvements de l'esprit, à l'égard des réalités, existent bien, et il était très-important d'en constater la liaison. En marquant cette liaison, d'un côté on assigne un but à la spéculation, et on la fait aboutir à l'utilité; de l'autre, on fait naître la pratique et on lui donne de la sûreté; on empêche la spéculation de divaguer, et la pratique de tâtonner et d'échouer. Mais il ne fallait pas non plus oublier que ces deux opérations sont cependant distinctes et peuvent se séparer. Les supposer simultanées, supposer même que la pratique précède la théorie, ou seulement les confondre en une seule, c'est quitter le bon terrain sur lequel on s'était placé, et cesser d'être intelligible. Or, cet excès est celui dans lequel Bacon a fini par tomber. Il définit bien la méthode, l'art qui apprend à faire l'usage le mieux entendu et le plus parfait de la raison. Mais la raison est pour lui une faculté qui connaît et qui produit.

« La raison, dit-il, n'a qu'une seule manière d'opérer, et cependant elle peut avoir deux fins distinctes, deux usages différents; le but de l'homme peut être, ou de savoir et de contempler, ou d'agir et d'effectuer; on a en vue, ou la connaissance et la simple contemplation de la cause, ou la nature de l'effet et l'étendue de son influence. Ainsi, connaître la cause d'un effet proposé, dans toute espèce de sujet, est le véritable but de la science humaine; d'un autre côté, sur une base matérielle donnée, enter un effet quelconque, ou telle nature qu'on voudra (dans les limites du possible, toutefois), est le but de la puissance humaine. Mais, pour peu qu'on ait de pénétration et de justesse dans les idées, on reconnaît aisément que ces deux buts, en apparence différents, ne laissent pas de coïncider : ce qui joue le rôle de cause dans la théorie, joue celui de moyen dans la pratique. Savoir, c'est connaître les causes; exécuter, c'est employer les moyens correspondants à ces causes. Si tous les moyens nécessaires pour exécuter toute espèce d'ouvrages à volonté, étaient en la disposition de l'homme, il serait assez inutile de traiter séparément ces deux points de vue; mais comme les opérations de l'homme sont resserrées dans des limites beaucoup plus étroites que sa science; comme chaque individu est pressé par la pénurie et par des nécessités sans nombre; comme ce dont on a le plus souvent besoin dans la pratique, c'est beaucoup moins une connaissance générale de tout ce qui peut être exécuté, qu'une sorte de prudence, de sagacité, de tact, pour choisir ce qui se trouve le plus sous sa main, il nous paraît plus à propos de distinguer ces deux points de vue, et de les traiter séparément. Cependant nous emploierons la même division des deux côtés, afin que ce qui se dira de l'un des points de vue s'applique également à l'autre. » (*Esquisse*, § 11.)

On le voit, la distinction de la théorie et de la pratique n'est ici pour Bacon que nominale.

La distinction des deux points de vue est tout aussi nominale dans les premiers aphorismes du livre second de l'*Organum.*

« Faire naître dans un corps donné une ou plusieurs propriétés nouvelles et l'en revêtir, c'est l'office et le but de l'industrie humaine. Découvrir, d'une propriété donnée, la forme ou l'essence...., c'est l'office et le but de la science humaine. A ce double but essentiel est subordonné un double but secondaire; au premier, la transformation des corps les uns dans les autres, dans les limites du possible ; au second, la découverte, pour toute génération et tout mouvement, du progrès *latent*, effectué par un agent manifeste et une matière également manifeste, jusqu'à l'achèvement de la nouvelle forme..... »

On voit que Bacon persiste à ne voir que deux points de vue d'une même chose dans la spéculation et la pratique. Il va plus loin dans l'aphorisme 4 , il ose placer la pratique expressément avant la théorie, comme si l'homme pouvait exécuter volontairement avant de concevoir.

« Quoique la double voie, dit-il, qui conduit l'homme à la puissance et à la science soit indivisible et n'en forme qu'une seule, cependant, à cause de cette coutume, aussi pernicieuse qu'invétérée, de se tenir dans les abstractions, il est plus sûr de donner pour fondement aux sciences, les faits réalisés, et d'assujettir la théorie à la pratique, qui en doit être la régulatrice.... » Et il entreprend de tracer des règles à la pratique avant que la théorie soit formée. Il est impossible de le suivre sur ce terrain, où il n'est plus intelligible.

Nous n'avons pas commencé par présenter la méthode de Bacon avec ce double caractère ; nous avons pensé qu'en confondant ainsi la spéculation et la pratique, en plaçant même la pratique avant la spéculation, contre les habitudes de la langue, et, nous le pensons, contre la nature des choses, nous n'aurions pas été compris. Il nous semble que c'est en partie à cause de cette confusion de deux éléments si profondément divers, que l'*Organum* de Bacon a besoin d'une introduction faite en parlant des idées communes et reçues de tout le monde. Notre ouvrage est tout à la fois cette introduction et un examen par parties détachées d'un ouvrage qui ne pouvait être embrassé d'abord dans son ensemble et sa vaste complexité. Après avoir lu notre travail, on lira avec intelligence et avec fruit le texte entier de Bacon.

CINQUIÈME QUESTION.

Quelles facultés ou quels autres moyens de connaître Bacon a-t-il choisis pour étudier chacune des parties de son objet total?

Ainsi que nous l'avons dit dans la conclusion de nos recherches sur l'esprit de Bacon en philosophie, cet auteur admet tous nos moyens de connaître, et il assigne à chacun d'eux un domaine particulier. A la vérité, il s'en tient à des démarcations générales; mais les distinctions que nous pouvons regretter dans les écrits de Bacon, telles que la distinction entre l'étendue de perspective et l'étendue tangible, les conditions que doit réunir le témoignage de nos semblables pour mériter notre confiance, etc., ne doivent se trouver que dans des traités spéciaux, et Bacon n'a donné que des ébauches et des indications générales. Néanmoins il insiste sur l'utilité de deux espèces de facultés intellectuelles, les facultés d'observation et la faculté rationnelle.

Dans la préface générale de l'*Instauratio*, dans le passage dont nous avons donné le commencement page 27, après avoir blâmé les philosophes qui n'ont étudié les réalités qu'à la lumière incertaine des sens, il fait sentir la nécessité d'employer la raison pour arriver à la science.

« ...... De même que dans les premiers siècles les hommes, n'ayant que l'observation des étoiles pour se diriger dans leurs navigations, ne pouvaient que longer les côtes de l'ancien continent, ou tout au plus traverser les mers Méditerranées et de peu d'étendue, et que, pour pouvoir traverser l'Océan et découvrir les régions du Nouveau-Monde, il a fallu d'abord inventer la boussole et y trouver un guide plus fidèle et plus certain ; de même aussi, pour ce qu'on a inventé jusqu'ici dans les arts et les sciences, il suffisait de l'usage, de la méditation, de l'observation et de l'argumentation pour le découvrir, attendu que ces connaissances-là sont assez voisines des sens et presque immédiatement subordonnées aux notions communes. Mais, pour pouvoir aborder aux parties les plus reculées et les plus cachées de la nature, il faut absolument découvrir et adopter une manière plus sûre et plus parfaite de s'assurer le concours de l'*entendement humain*..... Par ce moyen, nous croyons marier à jamais et d'une manière aussi stable que légitime la faculté d'observation et la faculté rationnelle, facultés dont le divorce malheureux et les fâcheux désaccords ont troublé tout dans la famille humaine. » (*Préf.*, § 15.)

« Les sciences ont été traitées, ou par les empiriques, ou par les dogmatiques : les empiriques, semblables aux fourmis, ne savent qu'amasser et user ; les rationalistes, semblables aux araignées, font des toiles qu'ils tirent d'eux-mêmes. Le procédé de l'abeille tient le milieu entre ces deux ; elle recueille ses matériaux sur les fleurs des jardins et des champs, mais elle les transforme et les distille par une vertu qui lui est propre : c'est l'image du véritable travail de la philosophie, qui ne se fie pas aux seules forces de l'esprit humain et n'y prend même pas son principal appui ; qui ne se contente pas non plus de déposer dans la mémoire, sans y rien changer, des matériaux recueillis dans l'histoire naturelle et les arts mécaniques, mais les porte jusque dans l'esprit, modifiées et transformées. C'est pourquoi il y a tout à espérer d'une alliance intime et sacrée de ces deux facultés expérimentale et rationnelle, alliance qui ne s'est pas encore rencontrée. » (*Nov. Org.*, liv. II, aph. 95.)

SIXIÈME QUESTION.

Quels procédés Bacon prescrit-il d'exécuter avec les moyens de connaître qu'il a choisis pour l'étude de chacune des partiés de l'objet? Quels auxiliaires donne-t-il à l'exercice de chacun d'eux?

La réponse à cette question comprend une grande partie des opérations de la méthode.

Les facultés auxquelles Bacon semble rapporter tous nos autres moyens de connaître sont les sens, la mémoire et la raison, comprenant sans doute le sens intime parmi les sens, considérant d'ailleurs le témoignage de nos semblables comme un complément de nos sens personnels, et l'autorité divine comme un supplément à la raison humaine. De ces trois facultés primitives, il en est une qui, sans absorber les deux autres, les domine et en dirige l'exercice à son profit. La véritable science consistant pour Bacon dans la connaissance des causes, et les causes (les causes extérieures, du moins) ne pouvant être connues que par la raison ou l'entendement pur; c'est à préparer et à faciliter l'exercice de cette faculté que doivent tendre les autres. Les faits qui sont donnés par les sens et la mémoire étant connus avant les causes révélées par la raison, Bacon comprend bien que les sens et la mémoire fonctionnent avant la raison, mais il veut que ces facultés fonctionnent uniquement en vue des découvertes que doit faire la raison. En suivant les traces de Bacon, nous ne devons les traiter que comme des dépendances de la raison, et n'en exposer les opérations qu'après avoir fait connaître les procédés de la raison, lorsque lui-même suivra cette marche. Dans l'esquisse du *Novum Organum*, l'auteur parle des sens et de la mémoire avant d'avoir fait l'exposition des actes de la raison, tout en subordonnant les deux premières facultés à la troisième; mais, dans le *Novum Organum* lui-même, l'exposition des procédés de la raison précède et domine les indications relatives aux sens et à la mémoire. Nous ferons connaître les procédés des trois facultés et les secours qu'on peut leur donner, en puisant nos citations successivement dans ces deux ouvrages, et en suivant l'ordre des idées qui se trouve indiqué dans chacun d'eux.

EXPOSÉ DES PROCÉDÉS DE L'INDUCTION, D'APRÈS L'ESQUISSE DU *Novum Organum*.

Trois espèces de secours.—L'auteur distingue ici trois tâches

dans le travail général de l'induction ou de l'interprétation
de la nature : celle des sens, celle de la mémoire, et celle
de la raison, qui est la principale (*cui ministrationes duæ
priores subministrant*); par conséquent, il distingue trois
espèces de secours à donner à l'entendement ou l'esprit.

« Les différents moyens, dit-il, qui peuvent perfectionner
l'esprit et le disposer à bien exécuter le travail de l'induction,
se divisent en trois espèces : secours pour les sens, secours
pour la mémoire, et secours pour la raison. »

Secours pour les sens. — « En indiquant les secours de
la première espèce, nous enseignerons trois choses : 1°
comment des observations et des expériences on peut extraire et composer une notion vraie, et comment le témoignage du sens, qui n'indique par lui-même que des relations à
l'homme, peut être ramené aux relations de l'univers, car
nous ne donnons pas beaucoup aux sens pour la perception
immédiate des objets, nous ne leur reconnaissons que la faculté de nous manifester le mouvement et l'altération dans
ces objets; 2° comment les choses qui échappent aux sens, soit
par l'excessive petitesse de leur tout, soit par la ténuité de
leurs parties, soit par leur trop grande distance, soit par l'excessive lenteur ou vitesse de leurs mouvements, soit encore
par la trop grande familiarité de l'objet, soit enfin par toute
autre cause ou circonstance, peuvent être amenées à la portée
des sens et soumises à leur jugement; 3° nous enseignerons
ce qu'il faut faire dans les cas où ces objets ne peuvent être
rendus sensibles et comment on peut suppléer à ce défaut, soit
par les indications que fournit l'observation des corps sensibles analogues à ceux qui ne le sont pas, soit par d'autres
substitutions ou par toute autre voie....» *(Esquisse, §§ 8 et 9.)*»

Il y a donc à pourvoir à trois espèces de besoins des sens :
1° quand leurs données sont fausses, il faut les rectifier; 2°
quand ces données sont insuffisantes, il faut les compléter; 3°
quand elles manquent absolument, il faut les remplacer par les
données que fournissent certaines choses observables.

On remédie aux déviations des sens par des rectifications;
au défaut de matériaux, par des faits et des expériences; au
défaut de perceptions des sens, par des substitutions.

. Bacon a donné ailleurs, dans des ouvrages divers, des indications utiles sur chacun de ces trois points. Sur le premier, il répète sans cesse que son but, en recommandant des observations si minutieuses et des expériences si délicates, est d'apprendre aux hommes à juger des choses telles qu'elles sont en elles-mêmes et dans l'ordre de la nature, et non telles qu'elles sont par rapport à l'homme. En effet, dans les expériences, ce ne sont pas les sens qui jugent des qualités mêmes des choses : *Sensus de experimento tantùm, experimentum de natura et re ipsa judicat.*

Dans le *Novum Organum*, liv. I, Aph. 98-102, il donne quelques indications pour suppléer à l'insuffisance des matériaux de l'histoire de la nature. Il se plaint qu'on n'ait recueilli jusqu'alors que des faits peu exacts et peu abondants, sur lesquels on ne peut rien fonder, qu'on n'ait étudié les faits qu'en vue du lucre, et non en vue de la science, d'où il est résulté des expériences lucratives, mais non instructives. Puis il conclut que les expériences doivent se faire sous la direction d'une autre méthode, qu'il faut suivre la marche des faits la plume à la main, et consigner par écrit le résultat de chaque observation. Il ajoute que préalablement, pour préparer les résultats de l'observation, il faut dresser des tables pour chaque série de faits de même nature ou du moins de nature analogue.

Dans le même ouvrage, mais au second livre, Aph. 38-43, dans cinq articles importants, il donne des règles beaucoup plus développées et qui embrassent même les cas où il ne s'agit plus d'aider les sens dans leurs opérations propres, mais de suppléer à leur impuissance absolue et de remplacer l'invisible par le visible.

D'abord il parle des moyens qui facilitent l'action immédiate des sens. Ces secours peuvent être de trois genres : ils peuvent nous mettre en état de voir ce qu'auparavant nous ne voyions pas du tout, ou de découvrir de plus loin les objets, ou enfin, de les voir plus exactement, plus distinctement. On comprend que ces secours viennent de l'emploi des divers instruments d'observation aujourd'hui bien connus, mais qui, au temps de Bacon, l'étaient fort peu ou ne l'étaient point du tout. Il parle, en second lieu, des moyens de connaître des choses qui, étant de nature à être observées, ne peuvent l'être cependant à cause d'un obstacle qui s'interpose entre eux et nous, ou à cause de leur position naturelle. C'est ainsi que l'état intérieur du corps humain n'est qu'indirectement connu par les pulsations du pouls, par l'irritation ou la couleur de la langue, et par d'autres signes de cette espèce.

Il enseigne, comme troisième moyen d'arriver au véritable savoir, l'étude du progrès dans les objets qui ont un mouvement et un développement. Mais comme ce progrès, ordinairement caché aux sens, semble ne pouvoir être toujours atteint par l'observation, et que, dans ce cas, l'emploi de la raison serait nécessaire, il sera bon de reprendre cette indication à l'article qui traite des procédés de la raison.

Les moyens de la quatrième espèce ont un certain rapport avec ceux de la seconde, mais ils ont de particulier qu'ils remplacent ce qui échappe entièrement à l'observation, par des choses accessibles à l'observation, par exemple les causes par les effets.

Les moyens de la cinquième espèce ont pour but de favoriser l'observation en excitant l'attention et en soutenant le fort de l'esprit. C'est ainsi qu'on fait remarquer qu'un peu de safran suffit pour teindre un muid d'eau, qu'un grain de musc répand son odeur dans une vaste étendue d'air, que la lumière franchit en un clin d'œil des espaces immenses.

Secours pour la mémoire. — Dans les préceptes qui sont relatifs à la mémoire, Bacon se proposait de prévenir, soit l'oubli, soit la confusion.

Pour prévenir l'oubli, il conseille de mettre par écrit le résultat de toutes ses observations ; pour prévenir la confusion et pour préparer le travail de l'induction, il propose de dresser des listes de questions à résoudre (ce qu'il appelle *topiques*, parce que ces listes semblent indiquer le lieu où se trouve l'objet cherché) ; puis de distribuer dans des tables les faits que l'on aura recueillis, et de chercher à résoudre ces questions (*tabulæ inveniendi*); enfin, de recommencer les recherches et les tables (*chartæ novellæ*). « ..... Le sujet de la recherche une fois déterminé, limité, séparé de la masse totale des choses, les secours destinés à la mémoire se divisent en trois offices : 1° Nous montrerons quels sont, par rapport à un sujet proposé, les points généraux ou le genre de faits vers lesquels il faut principalement tourner son attention, points qui, réunis, seront comme le *topique* du sujet; 2° nous dirons dans quel ordre il faut ranger les faits pour en former des tables. Nous sommes néanmoins bien éloignés d'espérer qu'on puisse, dès le commencement, découvrir la véritable essence du sujet, l'essence absolue au point de vue de l'univers, et la déterminer avec assez de précision pour en faire le fondement d'un ordre exact; on ne pourra saisir d'abord que des différences apparentes, qui serviront tout au plus à diviser passablement le sujet en ses parties. Mais la vérité surnagera plutôt à une faute dans les divisions qu'à la confusion, et il sera plus facile à la raison de corriger ces divisions que de pénétrer dans une masse qui n'aurait pas été divisée. Ainsi, la première opération n'étant que provisoire, nous indiquerons 3° de quelle manière et dans quel temps la recherche doit être renouvelée, et quand les tables de la première distribution doivent être remplacées par d'autres. Car nous voulons que ces premières tables soient, pour ainsi dire, mobiles sur leurs pivots, et qu'elles ne soient que des ébauches ou essais de recherches. Nous ne pourrons défendre victorieusement et recouvrer nos droits sur la nature qu'en répétant nos essais et nos efforts. Ainsi, le service complet pour la mémoire se divise en trois parties, savoir: trouver le lieu de découverte, dresser et combiner les tables, réitérer les recherches et l'établissement des tables.» (*Esquisse*, § 10.)

On peut voir des exemples de topiques dans les histoires des vents, de la vie, de la densité, dans le *de Augmentis*, liv. V, chap. 3, et dans le *Filum labyrinthi*, § 3. On trouve des modèles de tables d'invention tels que Bacon les conçoit dans le *Novum Organum*, liv. II, aph. 11-19, et dans les *Recherches sur la lumière*. En outre, Bacon a traité spécialement de l'art d'aider la mémoire dans le *de Augmentis*, liv. V, chap. 5. L'auteur y traite des secours à prêter à la mémoire, et de la mémoire elle-même. Les secours externes que l'on peut donner à la mémoire consistent principalement dans l'écriture. Les secours purement internes se réduisent à deux choses pour Bacon: la *prénotion* ou connaissance anticipée de quelqu'une des conditions auxquelles doit satisfaire ce que l'on cherche, et l'*emblème*, ou assimilation des choses intellectuelles, aux choses sensibles sur lesquelles l'imagination a plus de prise.

Secours pour la raison. — Après le travail des sens et celui de la mémoire, vient celui de la raison, de cette faculté qui, suivant Bacon, a pour objet la connaissance des quatre espèces de causes dont nous avons parlé précédemment, des causes formelles et des causes finales en métaphysique; de la matière et des efficients dans la physique. Bacon s'occupe des secours qui sont propres à cette faculté.

« Reste, dit-il, à parler des secours destinés à la raison, et auxquels sont subordonnés les deux premiers genres de secours; car, à l'aide des deux premières facultés, on ne peut établir une proposition, un principe; on ne peut obtenir qu'une simple notion conforme aux faits qui lui ont donné naissance, vérifiée par le premier travail et conservée par le second, pour qu'elle soit toujours à notre disposition.... »

« .... C'est la raison qui établit la proposition, le principe vrai (1), c'est-à-dire, qu'elle découvre la dépendance de deux faits tellement liés entre eux, qu'ils semblent n'en faire qu'un seul; car les propositions de ce genre sont les seules qui soient des parties réelles de la science. La simple notion fournie par les sens et conservée par la mémoire n'étant que la base de la proposition, cette proposition ne peut être extraite des faits qu'à l'aide de la véritable et légitime induction, qui décompose les faits complexes, en sépare les parties, et qui, après les exclusions et réjections convenables, affirme par conclusion nécessaire....

RECHERCHE DE L'ESSENCE DANS LES CONCRETS.

Ces règles se rapportent à la recherche de l'essence des abstraits, qui sont les seuls objets de la métaphysique. Bacon n'oublie pas la recherche de l'efficient dans les concrets.

_____

(1) « ....*Quod ad partem contemplativam attinet, ut verbo dicamus, in uno plane sunt omnia : hoc ipsum non aliud est quam ut verum constituatur axioma, sive idem copulatum. Hæc enim est veritatis portio solida, quum simplex notio instar superficiei videri possit......* (*Delin.*, § 12.) »

« Viendra ensuite (la recherche de l'essence des concrets
ou des natures conjuguées, objet de la physique), la recherche des causes efficientes et des causes matérielles, non des
causes matérielles, non des causes efficientes éloignées, ni des
causes matérielles générales, mais des causes prochaines et
des causes matérielles préparées. Or, ce genre de recherches,
nous l'appellerons *recherche du progrès caché*, pour éviter
les dénominations subtiles ; et, par *progrès caché*, nous entendons l'ordre, la suite des degrés d'où résulte le changement à expliquer, ou le fait opéré par le mouvement de la
cause efficiente et l'écoulement de la cause matérielle.... »
(Esquisse, § 13.)

Le sujet que nous traitons avec le plus de soin et de clarté,
c'est l'établissement des propositions-principes et de la formule
de l'interprétation.

Restent pourtant trois opérations qui, jointes à cette première,
mènent plus sûrement au but ; opérations de la plus grande
importance et sans l'explication desquelles notre méthode,
toute-puissante qu'elle est, serait encore très-difficile à appliquer ; je veux parler des opérations nécessaires pour rendre la recherche continue, pour la varier, pour la resserrer
ou l'abréger, afin qu'il ne reste dans l'art d'interpréter la
nature, ni interruptions, ni discordances, ni longueurs, eu
égard à la courte durée de la vie humaine :

1° Ainsi, nous montrerons comment on peut se prévaloir
des propositions déjà établies à l'aide de la formule d'induction, pour chercher et poser légitimement d'autres propositions plus générales et plus élevées, afin qu'on s'élève par
des degrés sûrs et sans interruption à l'unité de la nature ;
travail toutefois auquel nous aurons soin d'en joindre un
autre, pour examiner et vérifier, à l'aide des expériences
mêmes dont on sera parti, ces propositions supérieures. Sans
cette vérification, on retomberait dans les conjectures, dans
les simples probabilités et les idées fantastiques. Voilà en quoi
consiste ce que nous appelons l'art de rendre la recherche
continue.

2° Quant à l'art de la varier, ce n'est autre chose que l'art
d'approprier les recherches aux natures diverses, soit des
causes dont la découverte est le but de ces recherches, soit du
sujet dans lequel elles s'exécutent. Ainsi, abandonnant les

causes finales, dont l'indiscrète introduction dans la physique a dénaturé cette science, et sans remonter si haut, nous nous contenterons de la recherche des différentes *formes,* recherche que nous varierons et approprierons à la nature de chaque chose. La découverte de ces formes a été regardée jusqu'ici comme impossible, et a été abandonnée avec raison par ceux qui l'avaient rendue telle pour eux-mêmes par leur méthode trompeuse ; car, le plus puissant et le plus heureux génie est toujours insuffisant pour découvrir la forme de quelque sujet que ce puisse être par le seul moyen des *anticipations* ou des argumentations de la dialectique.... Cette variété dans les recherches, qui s'accommode aux natures diverses des différents sujets, naît de leur simplicité ou de leur complexité, la méthode qui dirige la recherche devant se diversifier selon que les sujets sont simples ou composés, ou d'une nature douteuse à cet égard, ou elle naît de l'abondance et de la disette des faits qu'on peut se procurer pour exécuter une recherche. Lorsque les faits abondent, la recherche est facile ; mais lorsqu'ils sont en petit nombre, on est plus à l'étroit, et alors ce n'est qu'à force d'art, de sagacité, d'ingénieux équivalents, qu'on peut remplir ce vide.....

3° Reste à parler de la manière de resserrer les recherches, afin qu'on puisse, à l'aide de nos indications, non-seulement se frayer une route où il n'y en avait point, mais, de plus, abréger les routes connues. Or, dans tout ce qui peut être l'objet de nos recherches, il est deux choses qui contribuent efficacement à les abréger, savoir : la nature des faits et la nature des recherches. Nous enseignerons donc d'abord quels sont les faits, quelles sont les expériences les plus propres à répandre la lumière, de telle sorte que quelques exemples instruisent autant qu'un très-grand nombre ; c'est le moyen d'éviter le détail des faits et les longues et pénibles recherches. Nous indiquerons ensuite quels sont les sujets par lesquels il faut commencer l'interprétation de la nature, et qui, étant approfondis les premiers, peuvent la rendre ensuite plus facile, soit parce que ces sujets sont de telle nature qu'étant bien éclaircis, ils répandent un grand jour sur les suivants, soit à cause de la généralité de cette sorte de sujets, soit enfin, à cause de la certitude dont de telles recherches sont susceptibles en elles-mêmes, ou de l'utilité dont elles peuvent être dans la physique expérimentale et les arts mécaniques. (*Esquisse*, § 13.)

Dans le *de Augmentis*, liv. V, chap. 2, Bacon donne à peu près les mêmes préceptes, et, de plus, il en ajoute de nouveaux. L'ensemble de ces préceptes forme ce qu'il appelle l'expérience guidée (*experientia litterata*). En voici le résumé.

Il faut 1° varier, en changeant quelque circonstance, l'opération que l'on exécute ; 2° prolonger les expériences ; 3° les transporter d'un genre à un autre genre ; 4° les renverser ou les retourner ; 5° les pousser jusqu'aux dernières limites ; 6° les appliquer à quelque usage pratique ; 7° accoupler ou réunir les procédés pour arriver plus sûrement aux résultats ; 8° enfin, faire des essais au hasard et remuer toutes les pierres de la nature.

On ne pourrait, sans faire un livre entier, reproduire toutes les explications que donne l'auteur sur chacun de ces huit articles, surtout si l'on voulait y joindre les observations qu'elles provoquent. L'exposé de l'auteur occupe tout le chap. 2 du Vᵉ livre, et il a environ dix pages in-4°. Pour en avoir une idée exacte, il y a nécessité de le lire dans l'auteur.

EXPOSITION DES PROCÉDÉS DE L'INDUCTION, D'APRÈS LE TEXTE DU *Novum Organum*.

Dans la composition du *Novum Organum*, Bacon, non-seulement fait dominer la raison sur les autres facultés, mais de plus il ne s'occupe des opérations de celles-ci et des secours à leur donner, qu'après avoir fait connaître les procédés de la raison. Au reste, en traitant d'une faculté intellectuelle, Bacon y consacre souvent deux articles : l'un dans lequel il expose les opérations propres de cette faculté, et l'autre dans lequel il en fait connaître les auxiliaires ou les secours qu'on peut lui donner. Il en a agi ainsi pour la faculté de la raison.

SECTION Iʳᵉ. — PROCÉDÉS DE LA RAISON POUR DÉCOUVRIR LES ESSENCES DANS LES ABSTRAITS, OBJET DE LA MÉTAPHYSIQUE.

En commençant, rappelons-nous quel est le but de la science : d'après Bacon, c'est d'expliquer les faits que nous

supposons connus, vérifiés et classés. Expliquer les faits,
c'est en trouver la cause, l'essence; ce que Bacon appelle la
forme ou la cause *formelle.*

« .... La forme d'une nature quelconque est telle que
cette forme étant supposée, la nature donnée s'ensuit in-
failliblement. Ainsi, partout où la nature donnée est présente,
cette forme est présente aussi; elle l'affirme universellement
et elle se trouve dans tous les sujets où se trouve cette nature. Par la même raison, cette forme est telle, que, dès qu'elle
est ôtée d'un sujet, la nature donnée disparaît infaillible-
ment. Ainsi, partout où la nature donnée est absente, cette
forme est absente aussi; elle la nie universellement, et elle
ne se trouve que dans les sujets doués de cette nature. Enfin,
la forme vraie est telle, qu'elle tire la nature donnée d'un
certain fond d'essence commun à plusieurs natures et qui
est, comme on dit, plus connue que la forme de cette nature
donnée elle-même. Aussi, au sujet de ce principe véritable et
parfait du savoir, a-t-on établi cette règle : *Qu'il faut trouver
une autre nature qui soit conversible avec la nature donnée, et
qui cependant soit la limitation d'une nature plus connue,
nature qui doit être son véritable genre et dont par conséquent
elle doit être une espèce.* » (*Nov. Org.,* liv. II, aph. 4.)

L'auteur voit donc entre une nature donnée et sa forme un
rapport de l'espèce au genre. C'est en application de cette
règle que, dans l'aphorisme 20 du même livre, après qu'il a
trouvé qu'un *certain mouvement* est la *forme* de la chaleur, il
dit qu'il en est la forme, parce que *la nature dont la chaleur
est la vraie limitation, paraît être le mouvement.*

Dans le second livre du *Novum Organum,* Bacon expose
que la recherche de l'essence d'une propriété ou la forme
d'un abstrait renferme les opérations suivantes : 1° rédaction
de trois tables de faits, dont l'une renferme les faits qui jouis-
sent de la propriété examinée, l'autre, les faits qui n'en jouis-
sent pas, bien qu'ils ressemblent aux premiers sous les autres
rapports; la troisième, les faits qui possèdent la propriété à
un degré plus ou moins élevé; 2° exclusions successives de
chacune des circonstances du fait, à mesure qu'on reconnaît
qu'elle n'est pas l'essence ou ne fait pas partie de l'essence de
la propriété; 3° affirmations provisoires de moins en moins·

nombreuses, et qui finissent par disparaître toutes, à l'exception d'une seule, laquelle indique la véritable essence de la propriété. (*Nov. Org.*, aph. 3-20.)

« Voici comment, dit-il, on procède à la recherche des formes :

» *Premièrement.* Sur la propriété donnée, il faut faire *comparaître devant l'intelligence* tous les *faits* connus qui offrent cette même propriété, quoique dans des matières fort différentes. Ce recueil doit être composé à la façon d'un historien, sans théorie anticipée et sans trop de subtilité. Prenons pour exemple la recherche de la forme (essence) de la chaleur. »

Ici Bacon énumère toutes les matières et les circonstances diverses où l'on trouve la chaleur, telles que les rayons du soleil, les météores, la foudre, la flamme, etc.

« C'est là ce que nous appelons *table d'être et de présence.*

« *Secondement.* Il faut faire *comparaître devant l'intelligence* tous les *faits* où ne se rencontre pas la propriété donnée; car, ainsi que nous l'avons dit, l'absence de la propriété donnée entraîne l'absence de la forme, tout comme la présence de l'une implique la présence de l'autre.

» Mais citer tous ces faits serait une entreprise infinie.

» C'est pourquoi il faut rapprocher les faits négatifs des affirmatifs, et rechercher la privation de la propriété dans les sujets seulement qui ont le plus de rapport avec ceux où la propriété existe et apparaît. C'est ce que nous appelons *table de disparition ou d'absence dans les analogues.* »

Bacon montre que la chaleur ne se trouve pas dans un grand nombre de matières et de circonstances analogues à celles où elle se manifeste. Il énumère et explique les diverses expériences négatives. Par exemple, la chaleur ne se trouve pas dans les rayons de la lune et des étoiles, dans certaines comètes, dans les éclairs sans tonnerre, etc.

« *Troisièmement.* Il faut faire *comparaître devant l'intelligence* les *faits* qui présentent la propriété étudiée à des degrés différents, soit en comparant la croissance et la décroissance de la propriété dans le même sujet, soit en comparant la même propriété dans des sujets différents. Puisqu'en effet la forme d'une chose est en réalité la chose même, et n'en diffère

que comme l'être diffère de l'apparence, l'intérieur de l'ex-
térieur, le point de vue absolu du point de vue relatif à
l'homme, il s'ensuit nécessairement que l'on ne doit rien
recevoir pour la vraie forme, qui ne croisse et ne décroisse
sans cesse, lorsque ce dont elle est la forme croît et décroît.
Nous appelons cette table *table de degrés ou de comparaison.* »

Bacon donne ici une table des degrés de la chaleur, depuis
les corps qui n'ont qu'une certaine disposition à la recevoir,
jusqu'à ceux qui la contiennent toujours plus ou moins in-
tense. Il joint à ces observations la description d'un thermomètre à air.....

« L'œuvre et l'office de ces trois grandes tables est ce que
nous avons coutume d'appeler la *comparution des faits devant
l'intelligence.* Cette *comparution* étant faite, on doit travailler
à l'*induction.* Il faut trouver dans la *comparution* de toutes
et de chacune des expériences, une cause telle, que, partout où elle est présente, croisse ou décroisse avec elle la
propriété donnée, et qu'elle soit, comme nous l'avons dit
plus haut, la limitation d'une nature encore plus générale. Si l'esprit débutait par établir une telle cause (ce qu'il
fait toujours quand il est abandonné à lui-même), il ren-
contrerait des chimères, des fantaisies, des principes qui
reposeraient sur des notions mal définies, des lois qu'il fau-
drait réformer chaque jour, à moins que nous n'aimassions
mieux, comme on le fait dans les écoles, combattre pour des
erreurs. Sans aucun doute, de tels résultats auront plus ou
moins de qualité, selon la force et le talent de l'esprit qui les
produira. Mais il n'appartient qu'à Dieu, qui a créé et mis
dans la nature les formes, et peut-être aux anges et aux intelligences pures, de connaître les formes *à priori* et par une
appréhension immédiate qui excède les forces de l'homme ;
tout ce que peut notre esprit, c'est de procéder d'abord par
des *négatives,* et d'aboutir en dernier lieu aux *affirmatives,*
après avoir fait toutes les exclusions convenables.

» Il faut donc opérer dans la nature des solutions et des dé-
compositions, non par le feu, certes, mais par l'intelligence,
comme par une sorte de feu divin.

» Le premier travail de l'*induction* véritable, en ce qui
touche la découverte des formes, consiste dans le *rejet*

et l'*exclusion* de chacune des propriétés qui ne se trouvent
point dans toutes les expériences où se présente la propriété
donnée; ou qui se trouvent dans quelqu'une des expériences
où la propriété donnée ne se rencontre pas; ou que l'on voit
dans certaines expériences croître, lorsque décroît la propriété donnée, ou décroître lorsque celle-ci croît. Alors seulement, et en second lieu, après qu'on aura procédé au *rejet* et
à l'*exclusion*, selon les règles, il ne restera pour ainsi dire au
fond, toutes les opinions légères s'envolant en fumée, que la
forme certaine, solide et vraie, et bien déterminée. Ce travail,
que l'on indique ainsi en peu de mots, ne s'accomplit qu'à
travers des difficultés et des détours nombreux. Mais autant
que possible nous n'omettrons aucune des indications nécessaires pour le bien conduire. »

Dans ce passage, on voit que Bacon sait bien qu'il introduit
dans la science de ses contemporains des éléments nouveaux.
Il se propose par ses analyses d'arriver jusqu'aux derniers
éléments des choses, et c'est pour cela qu'il ne veut analyser
d'abord que des natures simples. Il sait très-bien que l'écriture
alphabétique, si admirable par la simplicité de ses éléments et
la fécondité de ses applications, n'a été inventée que parce
qu'on a su remonter jusqu'aux premiers principes des mots
ou des produits de la voix humaine. En effet, si les décompo-
sitions s'étaient arrêtées aux syllabes, nous aurions éprouvé
dans l'art de nous instruire tous les embarras sous le poids
desquels succombe la race chinoise, condamnée à ne faire que
des progrès insensibles qui la laissent dans un état presque
stationnaire. Mais en poussant les analyses jusqu'aux éléments des syllabes, jusqu'aux voix et aux articulations primitives, les Occidentaux ou leurs instituteurs ont ramené aux
principes les plus simples l'art de l'écriture et de la lecture
au point, que les intelligences les plus grossières peuvent se
les approprier et participer à toutes les lumières de la civilisation la plus avancée. Bacon, poursuivant en homme de génie cette vue profonde, veut qu'en chaque genre on recherche les premiers principes, c'est-à-dire, les éléments rigoureusement réduits à ce qu'ils ont d'essentiel et de permanent
dans tous les cas possibles. Il faisait de cette recherche l'objet
principal de la science, et c'est pour cette recherche qu'il de-

vra établir le travail le plus important de sa méthode totale ou philosophique. Sa méthode de l'induction appellera les véritables découvertes dans les sciences d'observation. Par ces institutions scientifiques, il conviera tous les savants à voir dans la chute d'une pomme la cause générale de la chute des corps et le principe absolu de la gravitation universelle ; c'est par ces créations qu'il forçait véritablement la naissance de Newton et de ses successeurs.

SECTION II. — Auxiliaires de la raison dans l'induction.

Pour compléter l'art d'interpréter la nature, l'auteur cherche les moyens d'aider et de perfectionner l'induction. Dans l'*Esquisse*, il ne parle que de la direction à donner aux sens, à la mémoire et à la raison ; mais, dans le *Novum Organum*, il se proposait de composer neuf traités particuliers, qui, du reste, ne peuvent être que les développements des trois indiqués dans l'*Esquisse*. Ils roulent sur les objets suivants :

1° Prérogative des faits (ou degré d'importance relative des faits à recueillir) ;

2° Adminicules de l'induction (ou moyens de la soutenir et de la guider) ;

3° Art de rectifier l'induction ;

4° Art de varier la marche des recherches selon la nature du sujet ;

5° Prérogatives des natures ou des qualités des êtres (c'est-à-dire, ordre dans lequel il faut traiter de ces qualités) ;

6° Limites des recherches, ou tableau général de toutes les natures ou qualités ;

7° Manière d'arriver à la pratique (ou de ce qui est appliqué aux usages de l'homme) ;

8° Préliminaires de toute recherche ;

9° Echelle ascendante et descendante des axiomes (21).

De ces neuf articles, Bacon n'a traité que le premier. On peut et on doit le lire dans la seconde partie du *Novum Organum*. Nous allons expliquer le sens de chacun des autres traités, et indiquer les idées qu'ils devaient contenir, mais en nous servant des précieuses recherches de M. Bouillet, que nous copierons pour plusieurs passages, ce qui ne remplacera pas cependant la lecture de cet excellent ouvrage, même pour les parties que nous traitons.

Dans le second article, intitulé : *Adminicules* ou *Auxiliaires
de l'induction*, Bacon devait, sans doute, traiter de l'art d'aider les sens, et de celui d'aider la mémoire. A la place de ce
qu'il n'a pas fait ici, nous avons ce qu'il a dit ailleurs. Nous
avons déjà recueilli ses indications et essayé de les coordonner.

Dans le troisième article, dans la *rectification de l'induction*,
Bacon devait enseigner l'art de faire les exclusions ou les rejets
de toutes les circonstances et de toutes les propriétés qui ne
peuvent être la forme, l'essence d'une chose donnée. A défaut
du traité qui n'a pas été composé, voici les indications qu'on
a pu recueillir dans ses autres ouvrages.

Une partie des faits privilégiés, cités dans le *Novum Organum*, se rapportent, d'après le propre témoignage de Bacon,
à l'art de rectifier l'induction. Il indique lui-même, comme
propres à cet usage, les *instantiæ crucis* et les *instantiæ divortii*
(aph. 36 et 37). En exposant les faits de cette dernière espèce,
il dit : « *Usus earum est ad prodendas falsas formas.* » Et dans
le dernier aphorisme du *Novum Organum*, où il récapitule
l'usage de chacune des espèces de faits privilégiés, il dit, en
parlant de ces deux espèces de faits : « *Intellectum juvant ca-
vendo de formis et causis falsis.* » Il faut donc lire attentivement l'exposition de ces deux espèces de faits intéressants.

Le quatrième traité est l'*Art de varier les recherches selon la
nature du sujet*. Le passage que nous avons déjà cité de l'*Esquisse*, et celui du *de Augmentis*, que nous avons résumé, sur
l'art de varier les recherches, nous apprennent avec assez de
détails ce qu'il voulait faire entrer dans ce quatrième traité.
« Il faut, dit-il, modifier la méthode selon la nature des causes
que l'on cherche, et selon la nature des sujets dans lesquels
on les cherche. C'est dans cette partie qu'il se proposait, pour
appliquer ces procédés, de chercher les différentes textures
des corps (*schematismi*), les opérations cachées des causes
(*latentes processus*). On peut suppléer à ce qu'il devait dire
ici par ce qu'il dit de la manière de découvrir les textures
et les progrès cachés, dans un assez grand nombre de passages du deuxième livre, dont nous citons les principaux ci-
après.

Le cinquième article, des *natures privilégiées (de præroga-*

tivis naturarum), a pour objet d'indiquer les choses dont il importe le plus de faire l'étude avant toute autre, et dont la connaissance peut épargner un grand nombre de recherches. Le choix de ces recherches dépendra du but qu'on se propose, et variera selon que l'on aura en vue, ou la science pure ou l'utilité particulière et personnelle. Dans la spéculation, l'ordre dans lequel on doit distribuer les divers objets d'études est celui qui peut en rendre la connaissance plus facile. Bacon s'était proposé de déterminer cet ordre, dans un traité spécial qu'il appelait *Abécédaire de la nature*, dont il ne nous reste qu'un fragment. Il a également donné, dans le *de Augmentis*, l'indication des questions qui devaient faire, avant tout, l'objet principal de la science : telles sont les propriétés les plus générales et les plus abstraites, qu'il appelle *conditiones transcendentes entium* (livre III, chap. 4, § 2) ; les divers *schematismi*, ou modes de texture des corps, et leurs appétits ou leurs mouvements primordiaux (*ibid.*, § 8). Il considérait ces premières connaissances comme les lettres de l'alphabet, qui, avec un très-petit nombre de caractères, permettent de déchiffrer tous les livres. Quant à la distribution des objets de recherche d'après leur utilité ou leurs avantages pour l'humanité, il l'a indiquée dans une énumération qui a pour titre : *Magnalia naturæ*, et que l'on trouve dans la collection complète de ses œuvres à la suite du traité anglais de l'*Avancement des sciences* : on y voit figurer en première ligne le prolongement de la vie, l'art de rappeler la jeunesse, de retarder la vieillesse, celui de guérir les maladies réputées incurables, etc.

Dans le sixième article : « *Limites de la recherche*, ou *Tableau général de toutes les natures de l'univers*, » c'est-à-dire, de toutes les propriétés que l'on peut découvrir dans les autres, son objet est suffisamment indiqué par le titre même. L'*Abécédaire* dont nous venons de parler, ainsi que le tableau des diverses constitutions des corps (*schematisme*), et des mouvements ou appétits simples de la matière, remplissaient cet objet aussi bien que le précédent. Il semble même que cet article et le précédent étaient inséparables, et que celui qui est ici placé en second lieu aurait dû occuper la première place ; car, avant de déterminer l'ordre dans lequel il faut étudier certains objets, il est nécessaire d'avoir fait préalablement une liste complète de ces objets. Au reste, le but de l'auteur dans ce traité, paraît avoir été de montrer que l'étude de la nature n'est point, comme on se l'imaginait, quelque chose d'infini, mais qu'elle est renfermée dans d'assez étroites limites pour celui qui sait remonter aux éléments et suivre l'ordre naturel des choses.

Le septième article, l'application à la pratique, *Deductio ad praxim*, devait enseigner l'art d'appliquer la science aux besoins de l'homme, et traiter spécialement des instruments et des moyens de faire des inventions. Les sept dernières espèces de faits privilégiés du *Novum Organum* ont rapport à cet objet, et c'est pour cela qu'elles ont reçu de lui la qualification de *pratiques*. Le sujet qui devait y être traité se confond avec l'art de déduire, des vérités générales déjà connues, les expériences particulières, art dont Bacon fait, dans l'aph. 10, la deuxième grande division de l'*Art d'interpréter la nature*. Nous en parlerons dans la partie pratique de la méthode de Bacon.

Le huitième article traite des préliminaires ou plutôt des préparatifs de la recherche (*de Parascevis ad inquisitionem*). Or, ces préparatifs pouvaient être de deux genres : généraux ou particuliers. Les préparatifs généraux consistaient dans certaines dispositions intellectuelles ou morales que Bacon a fait connaître dans le morceau qui a pour titre : *De interpretatione naturæ sententiæ XII*, où il traite, entre autres sujets, *de moribus interpretis, de officio interpretis*. Les préparatifs spéciaux se composaient de règles particulières propres à préparer à chaque genre de travail, par exemple, à la rédaction de l'histoire naturelle, à la confection des expériences.

Le dernier article, qui devait traiter de l'échelle ascendante et descendante des axiomes (*propositions*), semble, au premier abord, se confondre avec le *Novum Organum* tout entier, puisque l'art d'interpréter la nature consiste, suivant Bacon, à tirer de l'expérience, des vérités générales, et à déduire de ces vérités générales de nouvelles expériences. Cependant il est à croire qu'il avait particulièrement en vue, ici, cet art qu'il décrit dans l'*Esquisse*, sous le titre de *Continuatio inquisitionis*, comme formant l'un des trois arts subsidiaires qui complètent l'art de l'interprétation. Cet art faisait suite au premier travail de l'induction : une fois que, par ce procédé, on avait reconnu les vérités les plus voisines des faits particuliers, et, par conséquent, les moins générales de toutes, il enseignait comment on pouvait s'élever, de ces premières vérités, à des vérités plus générales, jusqu'à ce que l'on s'arrêtât aux vérités les plus générales de toutes en suivant une série d'échelons ou de degrés non interrompus, et sans jamais faire de sauts brusques : c'est ce qui forme l'échelle ascendante ; puis il enseignait à redescendre, en suivant la même gradation, jusqu'aux expériences et aux opérations particulières, ce qui forme l'échelle descendante.

Dans le *Novum Organum*, liv. I, aph. 103, après avoir tracé à grands traits la méthode expérimentale, après avoir prescrit surtout la rédaction des tables pour les faits analogues entre eux, il ajoute :

« Mais, quand la masse des faits aura été en quelque manière mise sous nos yeux avec l'ordre et la méthode convenables, gardons-nous encore de passer tout d'un coup à la recherche des causes, ou, si nous le faisons, de trop nous reposer sur ce premier résultat.... On doit espérer surtout de la lumière qui jaillira des principes extraits des faits particuliers par la vraie méthode, et qui, ensuite, indiqueront de nouveaux faits ; car, la route où l'on marche, guidé par cette méthode, n'est point un terrain uni, une sorte de plaine, mais un terrain inégal, où l'on va tantôt en montant, tantôt en descendant. On monte des faits aux principes, puis on redescend des principes à la pratique.

» Il faut se garder de permettre à l'entendement de sauter, de voler pour ainsi dire des faits particuliers aux principes qui en sont les plus éloignés, et que j'appellerai généralissimes, tels sont ceux qu'on nomme ordinairement les principes des arts et de toutes choses, de les regarder aussitôt comme autant de vérités immuables, et de s'en servir pour établir des axiomes moyens, ce qui serait en effet très-expéditif. C'est ce qu'on a fait jusqu'ici ; l'esprit n'y étant que trop porté par son impétuosité naturelle, et, de plus, y étant formé et habitué depuis longtemps par l'usage des démonstrations toutes syllogistiques. Mais il sera permis de bien espérer des sciences,

lorsque l'esprit montera par la véritable échelle, par des degrés continus et sans solution, des faits aux lois les moins
élevées, ensuite aux lois moyennes, en s'élevant de plus en
plus jusqu'à ce qu'il atteigne enfin les plus générales de toutes ; car les principes les moins élevés ne diffèrent pas beaucoup de la simple expérience. Mais ces principes suprêmes et
très-généraux que la raison emploie maintenant, sont fondés
sur des conceptions, sur des abstraits, et n'ont rien de solide.
Les principes intermédiaires, au contraire, sont des principes
vrais, solides et en quelque sorte vivants, sur lesquels repo-
sent toutes les affaires et les fortunes humaines. Au-dessus,
enfin, sont réellement les vrais principes suprêmes, mais
constitués de telle façon, qu'ils ne soient pas abstraits, et qu'ils
soient déterminés par les principes intermédiaires. (En résumé) : ce ne sont pas des ailes qu'il faut attacher à l'esprit
humain, mais plutôt du plomb et des poids, pour l'arrêter
dans son emportement et son vol. C'est ce qu'on n'a pas fait
jusqu'ici ; mais, lorsqu'on le fera, on pourra mieux espérer des
sciences. »

Tels sont sans doute les sujets dont devait traiter chacun
des neuf articles destinés à fournir autant d'auxiliaires à la
raison dans son travail de l'induction.

Procédés de la raison pour la recherche de l'essence dans les concrets, objet de la physique.

Tout ce que nous venons de citer jusqu'ici de la méthode du
Novum Organum a pour but de découvrir l'essence des abstraits
ou des natures simples. Bacon ne devait-il donc point chercher aussi l'essence des concrets ou des natures *conjuguées*,
objet de la physique ?

Certainement cette recherche entrait dans ses plans d'étude,
puisqu'il s'en occupe dans l'*Esquisse*, ainsi que nous l'avons
vu. De plus, dans le *Novum Organum*, livr. II, aph. 17, après
avoir achevé son travail pour la recherche de la *forme* de la
chaleur, il dit :

« Quant aux *formes conjuguées*, qui sont, comme nous
l'avons dit, des combinaisons de natures simples, alliées ensemble suivant le cours ordinaire de la nature, comme celles
du lion, de l'aigle, de la rose et autres semblables, ce n'est

point des formes de ce genre qu'il est question pour le moment. Il sera temps d'en parler quand nous en serons aux procédés secrets et aux textures cachées, lorsqu'il s'agira de les découvrir dans les composés ordinairement qualifiés de substances, c'est-à-dire, dans les natures concrètes. »

A la fin du *Novum Organum*, après avoir terminé ce qu'il avait à dire sur les *faits privilégiés*, propres à faire découvrir l'essence d'un abstrait, l'auteur ajoute :

« .... Nous allons parler des appuis de l'induction et des rectifications de l'induction, ensuite nous passerons aux concrets, aux progrès cachés des faits, et aux textures secrètes des objets. »

L'ordre qu'il indique devoir suivre est précisément celui dans lequel il a énoncé les neuf traités auxiliaires de l'induction. Or, le traité qui suit l'art de rectifier l'induction est l'art de varier la marche des recherches selon la nature du sujet. C'est donc comme matière de l'application des règles de cet art qu'il devait étudier l'essence dans les concrets. Mais la séparation de la recherche de l'essence dans les concrets et de la recherche analogue dans les abstraits, n'en est pas moins clairement établie. L'art de varier les recherches est resté en projet, comme tous les autres traités auxiliaires de l'induction, à l'exception du premier. Au reste, les deux procédés principaux de cette recherche devaient être l'étude des progrès continus et cachés, dans la formation et le développement d'un être, et l'étude des éléments les plus subtils qui résident dans la substance d'un corps, ou qui s'en évaporent, ou bien qui y apparaissent momentanément et s'y insinuent subreptivement. Ces deux études peuvent nous conduire à la découverte de l'*efficient*. En effet, s'il s'agit de trouver la cause immédiate de l'état présent d'un être, où peut-on la chercher ailleurs que dans les états antérieurs par lesquels cet être a passé? Et l'étude de l'état d'un être matériel ne conduit-elle pas aux détails les plus subtils de sa texture et de son organisation?

Voyons ce que dit Bacon du progrès continu dans le *Novum Organum*, liv. II, aph. 5 :

« Ce que nous entendons par le progrès continu et caché est tout autre chose que ce qu'imagineront d'abord les hommes, abusés comme ils le sont par leurs idées grossières. Car nous n'entendons pas par là des mesures, des signes, ou des échelles de progrès *visibles dans les corps*, mais bien un progrès continu qui échappe presque entièrement aux sens. Par exemple, dans toute génération et transformation de corps, il faut rechercher ce qui se perd et s'envole, ce qui demeure et ce qui survient, ce qui se dilate et ce qui se contracte, ce qui s'unit ou se sépare, ce qui se poursuit ou se rompt, ce qui donne ou arrête l'impulsion, ce qui l'emporte ou ce qui succombe, et ainsi du reste. Et ce n'est pas seulement dans la génération ou la transformation des corps, qu'il faut faire ce travail : dans tous les autres mouvements ou altérations, on doit aussi rechercher ce qui précède et ce qui suit, ce qui est le plus vite et ce qui est le plus lent, ce qui donne le mouvement, ce qui le règle, et ainsi du reste. Toutes ces choses sont encore inconnues aux sciences, où semble régner un esprit aussi lourd qu'inhabile. Cependant, comme toute action de la nature s'accomplit par des transitions infiniment petites, ou du moins beaucoup trop petites pour frapper les sens, personne ne peut espérer gouverner ou changer la nature, s'il n'a saisi et remarqué, par des procédés convenables, toutes ces opérations. »

Voici ce qu'on lit encore dans le *Novum Organum*, liv. II, aph. 41, sous le titre d'*Exemples de route*, expression figurée dont il se sert, suivant son habitude, et par laquelle il désigne ici les mouvements graduels et continus de la nature :

«.............. Les hommes sont d'une négligence si étrange, qu'ils n'étudient la nature que par intervalles et à certaines périodes, lorsque les corps sont achevés et complets et non dans le travail de leurs formations. Cependant, si l'on voulait se faire une juste idée de l'intelligence et de l'adresse d'un artisan ou d'un artiste, en un mot, saisir le fin de son métier, on ne se contenterait pas de jeter un coup d'œil sur les matières brutes qu'il emploie et sur ses ouvrages tout faits; on voudrait être là quand il travaille, afin de suivre ses procédés et ses manipulations dans tous leurs détails. C'est à peu près ainsi qu'il faut se conduire dans l'étude de la nature. Par exemple, veut-on faire une recherche sur la végétation des plantes ? il faut les suivre depuis le moment où la graine vient d'être semée, les observer sans interruption (ce qu'on peut faire aisément en tirant de la terre les graines qui y auront demeuré deux, trois, quatre jours, et ainsi de suite) et les considérer attentivement, afin de voir quand et comment cette graine commence à se gonfler, à regorger, pour ainsi dire, d'esprits; comment elle rompt sa corticule, jette des fibres, en se portant elle-même un peu de bas en haut, à moins que la terre ne lui oppose trop de résistance; comment de ces fibres qu'elle jette, les unes, qui doivent former la racine, se portent vers le bas, et les autres, qui doivent former la tige, se portent vers le haut ou quelquefois serpentent latéralement, quand elles trouvent dans cette direction une terre plus molle et plus souple, où elles peuvent s'ouvrir plus aisément un passage, et une infinité de détails de cette espèce.

» Il faut, en suivant la même méthode, observer les œufs depuis le moment où commence l'incubation jusqu'à celui où ils sont éclos. A l'aide de cette marche, on verra l'action progressive et continue par laquelle l'embryon se vivifie et s'organise; on saura ce qui provient du jaune et quelles parties en sont formées; il en sera de même du blanc, et il en faut dire autant de tous les autres détails de cette nature. Enfin, on observera avec la même continuité les animaux qui naissent de la putréfaction. Quant aux animaux parfaits et terrestres, on ne pourrait observer leur formation qu'en disséquant les mères et tirant les fœtus de la matrice, ce qui répugnerait davantage à l'humanité, et il ne reste d'autre parti, après avoir renoncé à cette odieuse ressource, que celui de profiter des avortements, des hasards qu'offre la chasse, et d'autres semblables occasions. Quoi qu'il en soit, il faut faire autour de la nature une sorte de veillée, attendu qu'elle se laisse plutôt voir de nuit que de jour, car les recherches et les études de ce genre peuvent être qualifiées de nocturnes, la lumière qui les éclaire étant perpétuelle, il est vrai, mais bien faible.

» Il faut suivre la même marche en observant les corps inanimés, et c'est ce que nous avons fait nous-mêmes par rapport à la manière dont les différentes liqueurs s'ouvrent (se dilatent) par l'action du feu; car autre est le mode de cette dilatation dans l'eau, autre dans le vin, dans le vinaigre, dans l'opium, etc. La différence est encore plus marquée dans le lait, dans l'huile et autres substances de cette nature; différence que nous observâmes avec la plus grande facilité en faisant bouillir successivement différentes liqueurs à un feu doux et dans un vaisseau où toutes ces différences et toutes leurs nuances étaient plus sensibles. »

Après ce qu'il dit sur le progrès continu et caché, Bacon revient sur l'étude de la texture cachée et la constitution intime des corps, sujet qu'il avait traité trop légèrement en commençant le second livre du *Novum Organum.* Voici les idées contenues dans le septième aphorisme de ce second livre :

« La recherche et la découverte de la texture cachée et de l'intime constitution des différents corps, est un objet tout aussi neuf que la découverte du progrès caché et de la forme. Nous ne sommes encore qu'à l'entrée du sanctuaire de la nature, et nous ne savons pas nous ouvrir un passage pour pénétrer dans l'intérieur............

» On a eu raison de s'attacher avec ardeur et constance à l'anatomie des corps organiques, tels que ceux de l'homme et des animaux ; c'était un sujet délicat à traiter , et l'on y a employé une bonne manière d'interroger la nature. Cependant, ce genre d'anatomie s'applique dans ces cas à des objets observables, très-accessibles aux sens, et qui ne sortent pas hors du cercle des corps organisés. De tels objets sont comme sous la main, et une telle étude est bien facile en comparaison de cet autre genre d'anatomie de la *constitution cachée*, dans les corps qui passent pour similaires, surtout dans les substances d'un genre déterminé, comme le fer, la pierre, et dans leurs parties, ou dans les parties similaires de la plante , de l'animal, comme les racines, les feuilles , les fleurs, la chair, le sang, les os, etc. L'industrie humaine n'a pas été jusqu'ici entièrement étrangère à ce dernier genre de recherches ; c'est à quoi tend la séparation des corps similaires dans les distillations et les autres modes de solution dont le but est de faire apparaître la diversité des éléments composés par la congrégation des parties homogènes. Rien de plus utile que de telles analyses , et elles servent pour le but que nous nous proposons. Cependant, trop souvent elles trompent l'observateur, parce qu'il attribue à la séparation plusieurs éléments, comme ayant auparavant fait partie du composé, tandis qu'en réalité, c'est le feu ou les autres agents de la décomposition qui les ont produits ou ajoutés. Mais, cût-on découvert un moyen d'éviter ces méprises, ce ne serait encore là que la moindre partie du travail nécessaire pour découvrir la texture cachée et l'intime constitution dans un composé quelconque, texture ou constitution que le feu ne peut que changer ou détruire, loin de la rendre plus sensible. Ainsi, cette analyse et cette décomposition des corps, ce n'est point à l'aide du feu qu'il faut la faire, mais à l'aide de la raison et de la véritable *induction*, par le moyen de certaines expériences auxiliaires et décisives, par la comparaison de ces corps avec d'autres, en ramenant enfin leurs propriétés composées aux matières simples et à leurs formes, qui se trouvent combinées et entrelacées dans les mixtes proposés. Il faut quitter Vulcain pour Minerve, si l'on a à cœur de rendre sensible et de mettre en lumière la vraie structure ou texture des corps, texture d'où dépend toute qualité secrète, ou, comme on dit, toute propriété spécifique........

« Nous n'irons pas pour cela nous perdre dans les atomes dont l'existence supposerait le vide et une matière immuable (deux hypothèses absolument fausses) ; mais notre marche ne nous conduira qu'aux particules véritables de la matière, et telles que nous les trouvons dans la nature. Il ne faut pas se laisser rebuter par les difficultés d'une analyse délicate et détaillée ; mais au contraire se bien persuader que plus, dans ce genre d'étude, on tourne son attention vers les natures simples, plus aussi tout s'éclaircit et s'aplanit, puisqu'alors on passe du composé au simple, de l'incommensurable au commensurable, des raisons sourdes aux raisons déterminables, des notions vagues et indéfinies aux notions définies, comme il arrive pour les éléments des lettres et les tons des accords.. »

SEPTIÈME QUESTION.

Quel moyen Bacon emploie-t-il pour contrôler les théories qui ont été trouvées par un premier travail d'observations et d'inductions ?

Les théories qui ont été trouvées par l'étude des faits de l'ordre physique et par les inductions qui en sont tirées, sont contrôlées par l'expérience même que Bacon consulte sous une forme nouvelle. De même que, pour vérifier une addition en arithmétique, on se borne à la répétition des mêmes calculs faits dans un ordre différent de celui qu'on avait suivi d'abord, de même le contrôle des sciences fondées sur l'observation ne peut consister qu'à répéter les opérations qui ont été faites, mais dans un ordre différent, et à vérifier les inductions par l'expérience même.

Dans le morceau de l'*Esquisse* que nous avons cité sur l'art de varier les recherches, nous lisons ce qui suit :

« .... A cet art, nous aurons soin d'en joindre un autre pour examiner et vérifier, à l'aide des expériences mêmes dont on sera parti, ces propositions générales et supérieures. Sans cette *vérification*, on retomberait dans les conjectures, dans les simples probabilités et les idées fantastiques. » (*Esquisse* , § 13.)

Bacon n'a rien dit de particulier pour le contrôle des théories des sciences morales, telles que la morale, l'esthétique, la logique et la métaphysique. L'appel que l'on fait à l'expérience peut être un guide assuré pour les vérités de la logique et pour les règles de l'esthétique ; mais l'expérience ne peut pas nous instruire sur la vérité de toutes les règles de la morale et de toutes les théories de la métaphysique. Est-ce l'expérience qui me dira qu'il vaut mieux travailler pour le bien en soi que pour l'intérêt personnel ? Qu'il existe une autre vie après celle-ci, et que chacun y sera traité selon ses œuvres ?

Pour ces sciences, on en appelle à un autre tribunal, au *sens commun*. Tous les hommes ont des idées confuses , mais cependant certaines et invariables, sur les questions de la morale et de la métaphysique , aussi bien que sur celles de la logique et sur la beauté. L'ensemble de ces idées confuses mais certaines qui dirigent tous les hommes, même à leur insu, dans leurs jugements et dans leurs déterminations, a reçu le nom de *sens commun*. C'est à l'aide de ces idées , naturelles et communes à tous les hommes, que nous devons juger de la vérité des théories de morale et de métaphysique ; c'est devant le tribunal du *sens commun* que nous devons aimer à faire comparaître tous nos systèmes de morale et de métaphysique , bien persuadés d'avance que tout système qui sera repoussé par le sens commun est inévitablement faux.

En un mot, impuissant à éclaircir les idées et à créer des théories, le sens commun est essentiellement propre à les apprécier ; il en est le juge unique et sans appel. L'expérience et le sens commun, tel est le double contrôle que nous adoptons pour les théories des sciences, soit physiques, soit morales.

CONCLUSION SUR LA MÉTHODE PHILOSOPHIQUE DE BACON.

Pour connaître cette méthode, nous avons eu à consulter une bien petite partie de l'œuvre de Bacon. Puisque, dans l'œuvre générale de Bacon, il y a un ouvrage spécial consacré à l'exposition de la méthode, il est évident que c'est dans cet ouvrage que nous devions puiser les matériaux de notre exposition ; nous sommes même restreints au second livre, le premier n'étant que l'introduction au véritable sujet de l'ouvrage ; mais nous devions puiser aussi dans l'*Esquisse* de ce même ouvrage qui fut composée auparavant, et qui en avait tracé très-nettement le plan entier, tandis que le *Novum Organum* lui-même est resté incomplet et serait insuffisant à nous en faire comprendre tout l'objet. Nous trouvons aussi quelques bonnes indications dans la partie de la préface générale ou de la distribution qui a rapport au second livre du *Novum Organum*.

La série des questions dont les réponses composent, suivant nous, la méthode philosophique est presque toute indiquée dans l'*Esquisse*.

« .... Outre plusieurs autres différences, y est-il dit, qui séparent notre logique de la logique ordinaire, elle en diffère principalement en trois choses, savoir : la manière de commencer les recherches, la marche des démonstrations, et le but ou la destination. 1° La nôtre, en commençant une recherche, prenant les choses de beaucoup plus haut, soumet à l'examen ce que la logique ordinaire adopte sur la foi d'autrui et en déférant aveuglément à l'autorité. 2° Elle renverse tout à fait l'ordre qu'on suit ordinairement, soit pour démontrer les propositions, soit pour découvrir ou vérifier les principes, ou encore pour former les notions mêmes, ou

pour entendre le témoignage des sens. Au lieu de s'élancer, pour ainsi dire, du premier saut, comme on le fait
communément, aux principes les plus élevés, ou aux propositions les plus générales, pour en déduire ensuite les propositions moyennes; partant au contraire de l'histoire naturelle et des faits particuliers, elle ne s'élève qu'insensible-
ment et avec une extrême lenteur, par l'échelle ascendante,
à ces propositions si générales et à ces principes du premier
ordre. 3° Enfin, le but de cette science est d'inventer et de
juger, non pas simplement des arguments et des probabilités,
mais des choses réelles, des moyens effectifs (1). »

Ces mots : *La manière de commencer les recherches*, indi-
quent le point de départ du travail scientifique, et répondent
à notre troisième question : *Quel objet faut-il immédiatement
étudier ?.....* Cette première partie indique aussi quelle faculté
spéciale, quel moyen de connaître en général est assigné à
l'étude de chaque partie de l'objet ; c'est-à-dire, elle indique notre cinquième question.

Ces mots de la seconde partie : *Au lieu de s'élancer du premier saut*, répondent admirablement à notre sixième question :
Quels procédés faut-il exécuter ?.... Ils résolvent en même
temps la question septième, relative au contrôle à exercer sur
les propositions plus ou moins générales que les faits ont
donné lieu d'établir.

Dans la dernière partie, ces mots : *Le but de cette science
est d'inventer et de juger, non pas simplement des arguments ...,*
traitent notre quatrième question : *A quel degré du savoir
possible....?*

Nos deux premières questions relatives au prolongement
et aux limites du doute et de l'examen sceptique, sont des
souvenirs de la partie critique de l'œuvre complète d'une
philosophie quelconque, et, comme nous l'avons dit, bien
que cette critique ne soit pas comprise dans la partie pratique
dont s'occupe surtout la méthode, elle y porte inévitablement
son influence d'une manière puissante, et l'on ne peut se
dispenser d'en tenir compte dans la détermination de la mé-

(1) Ces mêmes vues se trouvent exprimées avec beaucoup plus de
développements dans la *Distribution de l'œuvre.*

thode. Cet esprit de critique se fait sentir, plus que chez tout autre philosophe, chez Bacon et Descartes.

Toutes les questions comprises dans notre idée de la méthode philosophique, se retrouvent donc facilement dans l'idée que s'en formait Bacon; seulement, on peut voir que nous avons disposé ces questions dans un ordre plus commode pour l'étude spéciale et rigoureuse que nous voulions en faire.

D'après l'exposé que nous avons donné de la méthode de Bacon, on comprend que toute sa vertu productive de vérités, toute son utilité pour des découvertes dépend de la nature de la cause ou de l'essence qu'il cherche sous le nom de *forme* d'une propriété, d'une nature simple. Certes, il n'entend pas par là une abstraction, une pure conception, une cause occulte, comme celle des scolastiques. Il n'entend pas non plus une cause finale comme serait la volonté humaine, quand une œuvre matérielle se produit sous sa direction, par exemple, un édifice sous la direction d'un architecte; une telle volonté n'a vraiment rien d'analogue à l'édifice qui se construit; il y a un saut trop grand à franchir de la nature de l'édifice à la nature de l'intention de l'architecte, pour que Bacon s'occupe d'abord d'y arriver. La recherche de la cause finale est comprise comme la cause formelle dans l'objet de la métaphysique, mais elle ne doit venir qu'après l'autre recherche. A plus forte raison n'entend-il pas parler de la cause créatrice, toute-puissante pour la formation des choses et de leurs lois : en tout, Bacon procède par degrés. D'un autre côté, la cause formelle ou l'essence est-elle pour Bacon un principe composant, une matière passive, qui, par un changement d'état, est devenue la nature que l'on veut expliquer ? Si l'on veut dire que ce principe est passif, que cette matière est inerte, on est loin sans doute de la pensée de Bacon; car il demanderait alors quel agent produit le changement qui a eu lieu ? Evidemment son principe est actif, son essence est cause en même temps qu'elle est substance, ou du moins en même temps qu'elle se rattache à une substance. Par exemple, suivant lui, l'essence de la chaleur est un mouvement particulier, c'est-à-dire que, comme nos physiciens les plus avancés d'aujourd'hui, Bacon explique la chaleur par les ondulations, plutôt que par l'émission d'un fluide spécial et nouveau. Il montre bien là que l'essence qu'il admet est active et cause, mais non pas qu'elle soit substance. La réponse est facile à cette objection. De ce que Bacon ne demande pas l'existence d'un nouveau fluide pour produire la chaleur, et qu'il se contente de la présence des fluides connus et constatés, il ne s'ensuit nullement que le mouvement dont il parle, que les ondulations par lesquelles nous l'interprétons, ne soient pas le mouvement, les ondulations d'une substance, de l'éther, par exemple. Il n'y a pas même possibilité de l'expliquer autrement. Prenons donc pour constant que l'essence cherchée par Bacon est une vraie cause qui est substance ou se rattache à une substance. Et n'est-ce pas là la véritable idée qu'il faut se faire des causes naturelles? La physique, suivant M. Gay-Lussac, n'est autre chose que l'étude des agents de la nature. Et ce que cet illustre physicien dit de la physique, nous devons le dire de chacune des sciences qui s'occupent de la nature physique ou de la nature morale.

Ce sont donc les agents naturels que veut trouver Bacon sous le nom de causes formelles ; et, dans cette voie, il se rencontre avec les Leibnitz, les Maine de Biran, les Gay-Lussac, et nos physiciens les plus profonds. Il va plus loin que Leibnitz dans la théorie des principes actifs, puisque le philosophe allemand, après avoir reconnu avec tant de bonheur l'activité des éléments, il leur refusa l'attribut qui les caractérise, la faculté d'agir isolément et les uns sur les autres. Bacon a peut-être une foi plus entière que tous les autres philosophes dans les lois des principes actifs, puisque, après avoir découvert et bien constaté le mode d'activité d'un principe, il proclame absolu ce mode d'activité, et universelle la loi constatée. S'il avait connu la loi d'attraction pour les corps sur la terre, il en aurait conclu hardiment l'universalité : c'est ce que n'ont osé faire Newton et plusieurs des savants qui lui ont succédé. Un astronome piémontais, M. de Marcoz, repoussait dernièrement les plus beaux résultats de la mécanique céleste de Laplace, et prétendait ainsi réduire l'astronomie à n'être que l'expression des faits observés. Dernièrement encore, un astronome illustre de l'école anglaise, M. Aizy, étonné des anomalies de la marche d'Uranus, doutait que la loi de gravitation s'étendît jusqu'à cette planète. Mais un astronome de l'école française, M. Leverrier, a pris la loi de l'attraction universelle pour donnée fondamentale du problème, la cause des anomalies pour inconnue, et le résultat du calcul a été de désigner à l'observation le point précis du ciel où se trouvait une planète encore inconnue. Les lunettes astronomiques de différents pays ont été dirigées sur ce point, et la planète est immédiatement apparue, comme pour répondre à l'indication. Voilà la réponse de la mécanique céleste et de la méthode Baconienne, à cet empirisme faux qui veut que la science se réduise à exprimer des observations. Ici la méthode Baconienne s'est traduite en un fait éclatant, comme pour se mettre à la portée de ceux qui ne veulent pas la comprendre. (H. MARTIN, *Philosophie de la Nature.*)

La méthode de Bacon est éminemment inductive, *étiologique* ; elle est tournée tout entière vers la cause. Les histoires sur lesquelles elle se fonde sont inductives, c'est-à-dire préparées pour l'induction et se penchant vers elle : on n'y admet que des faits de nature à manifester les causes, et on les dispose en tableaux pour les rendre plus propres à l'induction. On pourrait même dire que l'auteur est si pressé d'arriver aux causes, qu'il ne fait que se tracer une route à travers la forêt des faits.

Toutefois, avec ce caractère si marqué de sa méthode, Bacon s'appuie sur les faits pour tirer ses inductions. Il s'est beaucoup occupé de rassembler, et de faire rassembler aux autres, des faits pour la composition des histoires ; partout, dans ses ouvrages, il est question d'histoires : *Histoire de la densité, de la rareté, Histoire de la pesanteur et de la légèreté, Histoire des vents, Histoire du son, Histoire de la vie et de la mort, Histoire naturelle.*

De là deux physionomies données à sa méthode par ceux qui ne l'ont connue qu'indirectement : aux uns, Bacon semble n'avoir songé qu'à trouver la cause et s'être précipité tout entier vers l'origine des faits ; aux autres, il semble ne s'être occupé que de faits, de rédaction d'histoires, et s'être borné au pur travail de l'observation.

De là aussi deux espèces de philosophes et de savants qui se sont dits *Baconiens*, les uns visant tout d'abord à la découverte des origines, les autres exclusivement voués à l'observation des faits, sans en chercher d'explication. Ici sont beaucoup de médecins, et souvent beaucoup de demi-savants ; là se trouvent Locke, Condillac, Laromiguière, qui se firent gloire de chercher d'abord l'origine des faits et de tout réduire à un petit nombre de principes , pour tout simplifier. Mais certainement ni les uns ni les autres ne suivent en cela les indications de Bacon ; ni les uns ni les autres ne le connaissent. Ils finissent tous par le déclarer eux-mêmes, et leurs ouvrages le disent assez clairement.

Newton lui-même, qui touchait de plus près à Bacon pour le temps et pour le lieu , ne le connaissait pas. Sans doute, dans ce qu'il a écrit sur la méthode, on trouve la marche indiquée par Bacon. Une fois même il l'a décrit bien et avec précision ; mais il ne se tient pas à cette description, il y mêle ailleurs des éléments étrangers qui la défigurent ; il la compare à l'analyse et à la synthèse des mathématiciens ; il lui en donne le nom, et, par là, il s'en fait et en donne aux autres une idée très-fausse. Comment penser alors qu'il suive un modèle , lorsqu'il hésite et change si souvent ? De plus, il veut tout devoir à l'observation, il prétend même qu'il y reste renfermé, alors qu'il atteint les causes inobservables. Bacon, au contraire, proclame qu'il induit, qu'il interprète; or, interpréter, c'est aller de l'observable à l'inobservable, et le résultat de l'interprétation n'est pas obtenu par l'observation.

Voici un passage extrait de la préface de son livre des *Principes de la philosophie naturelle*, dans lequel la méthode de Bacon est bien décrite avec son mouvement ascendant et son mouvement descendant.

« ..... Tout le travail de l'étude de la nature paraît consister en deux choses que voici : les phénomènes des mouvements étant donnés, découvrir les forces de la nature ; en second lieu, les forces de la nature étant découvertes, expliquer les autres phénomènes à l'aide de ces forces. C'est à produire ce résultat que tendent les propositions que nous avons exposées dans le premier et dans le second livre de cet ouvrage. Dans le livre troisième , nous avons voulu montrer par un exemple, comment le système du monde peut être expliqué d'après cette méthode (1).... »

(1) *Omnis philosophiæ difficultas in eo versari videtur, ut a phœno-*

En voici un second tiré de son *Optique*, liv. III, question 31, pag. 326, 1740 :

« Dans les sciences naturelles, la recherche des choses difficiles par la méthode d'*analyse*, doit toujours précéder, comme dans les mathématiques, la méthode de composition, la synthèse. Cette analyse consiste à faire des expériences et des observations, à en tirer des conclusions par l'induction..... Par cette voie d'analyse, nous pouvons aller des *composés aux composants*, des mouvements aux forces qui les produisent, et, en général, des effets à leurs causes, et des causes particulières à des causes plus générales, jusqu'à ce qu'enfin nous arrivions aux plus générales. C'est la méthode d'*analyse*.

« La *synthèse* consiste à partir des causes découvertes et établies comme principes, pour expliquer par elles les phénomènes qui en naissent, et à prouver ces explications (1)...»

Mais la prétendue analyse des sciences naturelles ne peut être identifiée avec l'analyse des mathématiques. Dans les mathématiques, on opère sur des idées abstraites : on est dans le monde idéal. Or, dans le monde idéal, il n'y a ni causes ni effets ; on n'y peut donc aller des effets aux causes, comme le fait l'induction Baconienne dans les sciences naturelles. On a défendu cette identité, en disant que l'analyse mathématique va du connu à l'inconnu, et qu'elle devait comprendre l'induction Baconienne, qui, sans doute, ne commence pas par l'in-

---

menis motuum investigemus vires naturæ, deinde ab his viribus demonstremus phænomena reliqua. Et huc spectant propositiones generales quas libro primo et secundo pertractavimus. In libro autem tertio, exemplum hujus rei proposuimus per explicationem systematis mundani....

(1) *Quemadmodum in mathematica, ita etiam in physica, investigatio rerum difficilium ea methodo quæ vocatur analytica semper antecedere debet eam quæ appellatur synthetica.*

Methodus analytica est, experimenta capere, phænomena observare, indeque conclusiones generales inductione inferre.......

..... Hac analysi licebit, ex rebus compositis ratiocinatione colligere simplices ; ex motibus vires moventes ; et in universum ex effectis causas ; ex causisque particularibus, generales ; donec ad generalissimas tandem sit deventum ; atque hæc quidem est methodus analytica.

Synthetica est, causas investigatas et comprobatas, assumere pro principiis, eorumque ope explicare phænomena ex iisdem orta, istasque explicationes comprobare....

connu. Il est facile de répondre à cette objection. L'analyse du mathématicien ne va pas d'un connu quelconque à un inconnu quelconque ; elle part du connu *donné* dans la question, lequel est une *abstraction,* et l'induction Baconienne part d'un fait, lequel est l'opposé de l'abstraction. De même, l'inconnu de la première est aussi une abstraction, tandis que l'inconnu de la seconde est une cause réelle.

La synthèse mathématique diffère tout autant de la déduction pratique de Bacon, qui n'est autre chose que l'application d'un principe trouvé à la production de faits nouveaux. Lorsque l'analyse du mathématicien a trouvé son inconnu, elle part de cet inconnu pour revenir sur ses pas et retrouver le connu ; elle fait deux fois la même route en sens opposé, et les deux procédés se succèdent consécutivement. La déduction pratique de Bacon regarderait comme une frivolité de revenir à son point de départ ; c'est qu'elle ne se propose pas d'enseigner des démonstrations, elle veut obtenir des productions.

L'analyse et la synthèse mathématiques mentionnées ici ne peuvent donc que tromper étrangement sur la nature de l'induction et de la déduction Baconiennes.

La différence est encore plus grande, s'il est possible, quand on parle de l'analyse et de la synthèse des chimistes, opérations qui consistent à décomposer et à recomposer les substances de la nature. A ce compte, trouver la cause de la chaleur (nature supposée simple), ce serait donc décomposer la chaleur ! Dans l'induction Baconienne, si le fait à expliquer est complexe, il faut commencer par le décomposer, sans doute, mais cette décomposition est une opération préalable à l'induction ; elle est accidentelle ; elle ne lui est pas essentielle. Et quand la cause est trouvée et qu'on la retourne vers la production, est-ce donc une composition, un rassemblement d'éléments que l'on fait ?

Concluons qu'il n'y a point d'analogie réelle entre les procédés de cette triple dualité. Quelle confusion ne met donc pas dans les idées l'introduction des mots *synthèse* et *analyse* dans la langue de la méthode !

Si l'on avait connu et compris Bacon, on n'aurait parlé dans la méthode des sciences naturelles que d'*induction formelle,* peut-être d'une expression équivalente, *induction étiologique,* de *déduction pratique*, d'application de la cause à la production, de *marche ascendante spéculative*, et de *marche descendante pratique*, d'*échelle double de l'intelligence*. Que d'erreurs on eût évitées dans la théorie et dans la pratique !

Non, Bacon n'eut point de disciples pendant sa vie, et il n'en a pas encore eu jusqu'à présent. Quand certains amis de la vérité ont marché dans les mêmes voies que lui, c'est leur propre génie qui les y a poussés ; mais, n'ayant qu'eux seuls pour s'y conduire, ils n'y ont pas marché avec fermeté et constance. Ses contemporains ne l'ont pas connu ; ils n'ont pas vu la lumière qu'il leur apportait ; la lumière a lui dans les ténèbres, et les ténèbres ne l'ont pas comprise : *Lux in tenebris lucet et tenebræ eam non comprehenderunt.* Ses concitoyens eux-mêmes l'ont méconnu : *In propria venit, et sui eum non receperunt.* Non, il n'a pas eu la gloire d'exercer une grande influence sur son siècle ; mais il n'en a pas moins celle d'avoir nettement découvert, et tracé d'une main assurée la route à suivre pour la régénération des sciences. Si, dans le siècle suivant, il a encore été méconnu, déshonoré même par la fausse gloire qu'on voulait lui donner, il sera enfin mieux apprécié et glorifié convenablement, car la vérité a son jour assigné dans l'histoire de l'humanité. Il faudra bien qu'on revienne à lui. Bacon est, comme nous l'avons dit en commençant, le génie des sciences modernes fondées sur l'observation. Ce sont ses principes qu'il faut développer dans ce genre de sciences.

Nous avons donné ailleurs (1) la méthode des sciences de raisonnement, conduite à sa perfection par les philosophes cartésiens. Reste la méthode, ou plutôt restent les méthodes de l'autre famille de sciences. Bacon les a-t-il données toutes à lui seul ? Non, sans doute. De même que Descartes a borné sa tâche aux premiers travaux des méthodes de raisonnements, Bacon n'a posé que les fondements des méthodes des autres sciences. Pour satisfaire aux besoins dans l'étude et la formation de ces sciences, nous croyons qu'il faut les ranger en quatre groupes.

(1) *Nouvel exposé de la méthode de Descartes*, Paris, chez Hachette, et chez Durand, rue des Grès-Sorbonne, 7.

Le premier groupe est formé des sciences qui ont pour objet un tout continu, comme le globe terrestre, objet de la géographie, comme l'aspect des cieux, objet de l'astronomie descriptive.

Le deuxième groupe comprend les sciences qui ont pour objet des touts disjoints, séparés, qu'il faut décomposer dans leurs éléments, des faits dont il faut constater les lois et trouver les causes ; tels sont les objets de la physique et de la chimie.

Le troisième groupe contient les sciences qui classent les faits et les objets d'une même nature ou d'un même système naturel, en fondant les classifications sur les véritables propriétés des objets et sur les lois constatées des faits, comme la minéralogie, la botanique, la zoologie.

Le quatrième groupe est réservé aux sciences comparées et générales, comme l'*anatomie comparée* et la *physiologie générale*, sciences qui ne se forment que lorsqu'on a obtenu les tableaux scientifiques de chaque série de faits et de chaque système naturel.

Pour exposer ces diverses méthodes ou ces divers développements de la même méthode, nous devons nous inspirer des idées des grands géographes, des grands naturalistes, des physiciens et des chimistes les plus célèbres, et surtout des Linnée, des Jussieu, des Laplace, des Cuvier, des Flourens ; ou plutôt nous ne devons que résumer leurs travaux de méthode et de classification.

Ces divers exposés occuperaient trop de place auprès de ce premier essai : nous nous arrêterons donc ici.

FIN.

TABLE

DES MATIÈRES.

TABLE DES MATIÈRES.

FIN DE LA TABLE.

www.ingramcontent.com/pod-product-compliance
Lightning Source LLC
Chambersburg PA
CBHW051738090426
42738CB00010B/2321